RONALDO JOSÉ DE SOUSA

# Discernimento de Estado de Vida

*Nas novas comunidades católicas*

DIREÇÃO EDITORIAL: Pe. Fabio Evaristo Resende Silva, C.Ss.R.
CONSELHO EDITORIAL: Avelino Grassi
Ferdinando Mancilio, C.Ss.R.
Marlos Aurélio, C.Ss.R.
Mauro Vilela, C.Ss.R.
Victor Hugo Lapenta, C.Ss.R.
COORDENAÇÃO EDITORIAL: Ana Lúcia de Castro Leite
REVISÃO: Luana Galvão
DIAGRAMAÇÃO: Mauricio Ricardo Pereira
CAPA: Bruno Olivoto

Dados Internacionais de Catalogação na Publicação (CIP)
(Câmara Brasileira do Livro, SP, Brasil)

Sousa, Ronaldo José de
  Discernimento de estado de vida: nas novas comunidades católicas/ Ronaldo José de Sousa. – Aparecida, SP: Editora Santuário, 2016.

  Bibliografia.
  ISBN 978-85-369-0422-1

  1. Casamento 2. Celibato 3. Decisões – Aspectos religiosos – Igreja Católica 4. Discernimento (Teologia cristã) 5. Sacerdócio 6. Vida religiosa 7. Vocação – Cristianismo I. Título.

16-00744                                                    CDD-248.89

Índices para catálogo sistemático:
1. Discernimento de estado de vida:
Vocação sacerdotal: Cristianismo 248.89

3ª impressão

Todos os direitos reservados à **EDITORA SANTUÁRIO** — 2021

Rua Pe. Claro Monteiro, 342 – 12570-000 – Aparecida-SP
Tel.: 12 3104-2000 – Televendas: 0800 - 0 16 00 04
www.editorasantuario.com.br
vendas@editorasantuario.com.br

*Para Iago, meu único.*

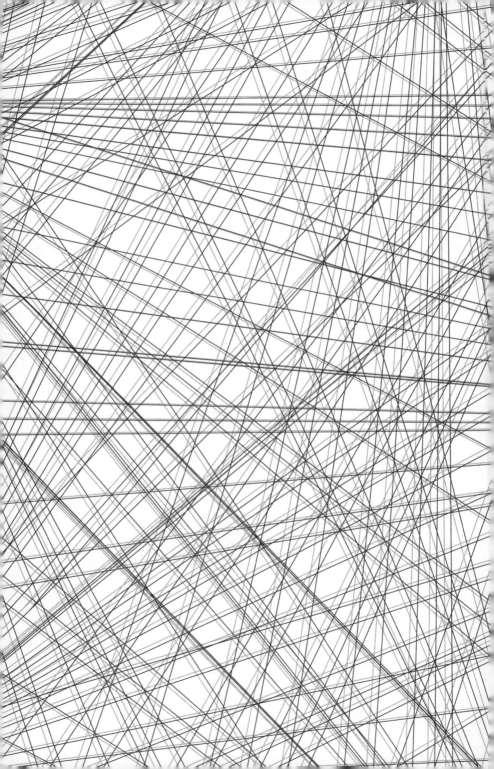

# Sumário

INTRODUÇÃO ................................................................. 7
Sobre o conceito de estado de vida .................................. 7

I. O ESTADO DE VIDA E A IDENTIDADE PESSOAL ............... 13
   1. Elementos da identidade pessoal ............................. 13
   2. Identidade pessoal e
      discernimento de estado de vida ............................... 18
   3. Quando iniciar o discernimento ................................ 19

II. DISCERNIMENTO DE ESTADO DE VIDA:
PRINCÍPIOS FUNDAMENTAIS............................................ 23
   1. Conceito de discernimento de estado de vida ............ 23
   2. Princípios gerais ...................................................... 24
   3. Princípios operacionais ............................................ 46

III. UM MÉTODO PARA DISCERNIMENTO
DE ESTADO DE VIDA ...................................................... 59
      1. Desconstruir ....................................................... 60
      2. Identificar ........................................................... 64
      3. Confirmar ........................................................... 70

IV. O ACOMPANHAMENTO EM VISTA
DO DISCERNIMENTO DE ESTADO DE VIDA ...................... 73
      1. O papel do acompanhador .................................. 73
      2. Os procedimentos ............................................... 74
      3. Perguntas ........................................................... 76

CONSIDERAÇÕES FINAIS ................................................ 83

APÊNDICE ..................................................................... 87
   Isto é o meu corpo: sobre o significado
   evangélico da dimensão física da pessoa humana ........... 87

REFERÊNCIAS ................................................................ 95

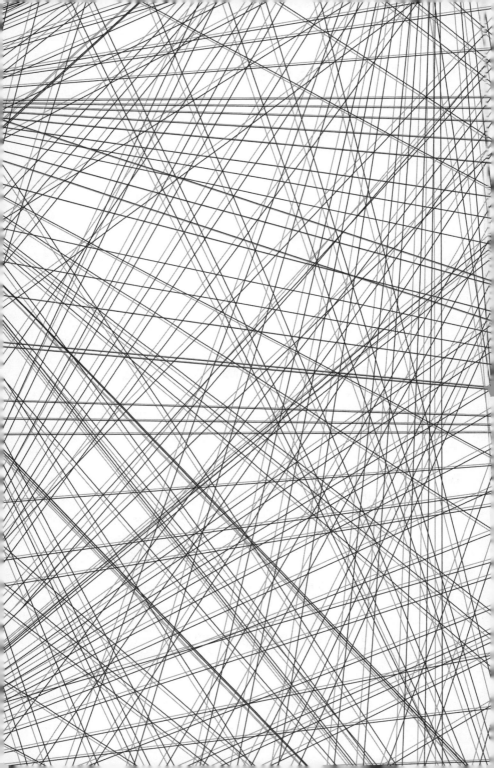

# Introdução

*Sobre o conceito de estado de vida*

Por estado de vida se entende a condição temporal em que uma pessoa é chamada a amar e servir a Deus e à humanidade, normalmente compreendido dentro de dois polos complementares: o matrimônio e o celibato.[1] A Revelação cristã conhece esses dois modos específicos de realizar a vocação humana para o amor em sua totalidade,[2] ou seja, atingindo inclusive a dimensão do corpo.

Em outras palavras, o matrimônio e o celibato são estados permanentes por meio dos quais a pessoa leva às últimas consequências sua doação a Deus e aos irmãos. Eles exprimem de um modo fulgente o mistério da aliança de Deus com seu povo.[3] Conquanto permanente, porque confere estabilidade, essa condição é temporal, porque se trata de um elemento da identidade pessoal que não persiste após a morte (ou da do cônjuge, no caso do matrimônio).

No ambiente das novas comunidades católicas, normalmente são entendidos como "estados de vida" estas três possibilidades: matrimônio, celibato e sacerdócio.[4] Como, na prática, o ministério ordenado requer a abstinência da vida matrimonial, seguirei aqui a visão que considera apenas dois os estados de vida, conforme já enunciei: matrimônio e celibato. Isso não significa

---

[1] Optei por utilizar aqui a expressão "celibato" e não "virgindade" pelo fato de que, hoje em dia, muitos jovens que se consagram a Deus, renunciando ao casamento, já tiveram relacionamentos sexuais.
[2] Cf. JOÃO PAULO II. *Familiaris consortio*, n. 11.
[3] Cf. *Ibidem*, n. 16.
[4] Talvez seguindo as tradicionais formas canônicas que se associam, respectivamente, ao laicato, à vida religiosa e ao clero (cf. CÓDIGO DE DIREITO CANÔNICO, c. 204-746.). Entretanto, convém recordar que: a) alguns leigos não são casados; b) alguns celibatários não pertencem à vida religiosa; c) alguns padres não são religiosos.

que a decisão em vista do sacerdócio não requeira um discernimento, mas que ele seria feito em íntima relação com a escolha do celibato pelo fato de que o padre não é chamado a adotar a castidade radical apenas como norma disciplinar, mas como um dom que o associa a Cristo.[5] Além disso, quando se trata do ministério ordenado, creio ser necessário discutir a respeito da natureza do discernimento a ser feito: trata-se, real ou exclusivamente, de um discernimento acerca do "estado de vida" ou de um discernimento *vocacional*? Aludirei novamente a essa questão, de forma breve, no último capítulo deste livro.

O discernimento a respeito do "estado de vida" é um assunto e uma problemática que veio no bojo da experiência das novas comunidades católicas.[6] Antes do advento dessas instituições, ele era feito concomitantemente à própria escolha vocacional, ou seja, alguém que quisesse ser religioso ou sacerdote sabia de antemão que isso implicaria igualmente fazer opção pelo celibato. Outrossim, o laicato optava normalmente por realizar a sua vocação para o matrimônio.

As novas comunidades católicas, em sua maioria, nasceram agregando uma vasta multiplicidade de pessoas (sacerdotes e leigos, homens e mulheres, solteiros e casados). Na história da Igreja, nunca antes se tinha visto a formação de comunidades *institucionalizadas* conjugando essas diversas formas de vida, especialmente incorporando núcleos familiares, cujos cônjuges se consagram num estilo de vida próximo à vida religiosa tradicional.

---

[5] Cf. JOÃO PAULO II. *Pastores dabo vobis*, n. 29.
[6] Sobre as "novas comunidades católicas", cf. SOUSA, Ronaldo José de. *Comunidades de vida*: panorama de um fenômeno religioso moderno. Aparecida: Santuário, 2013; ANJOS, Marcio Fabri dos. CARRANZA, Brenda. Para compreender as novas comunidades católicas. In: *Convergência*, Brasília, v. 45, n. 433, jul./ago. 2010; MARIZ, Cecília Loreto et al (orgs.). *Novas comunidades católicas*: em busca do espaço pós-moderno. Aparecida (SP): Ideias & Letras, 2009; GONDAL, Marie-Louise. *Comunidades no cristianismo*: um novo passo a ser dado. São Paulo: Paulinas, 1999; SILVA, Wagner Ferreira. *A contribuição dos novos movimentos eclesiais na formação da consciência moral*: uma análise da experiência da Comunidade Canção Nova do Brasil. Tese de Doutorado. Pontificia Universitas Lateranensis (Academia Alfonsiana, Instititum Superius Theologiae Moralis). Roma, 2009; TIMBÓ, Sidney. *Novas comunidades*: uma novidade no Brasil e no mundo. Fortaleza: Shalom, 2004.

Esse fato novo e de dimensões proféticas suscitou um amplo desafio, a saber: a convivência entre pessoas de estados de vida diferentes numa mesma realidade vocacional, quiçá nos mesmos ambientes residenciais. Mas suscitou igualmente a necessidade de uma reflexão sobre como cada pessoa deve fazer o discernimento a respeito do estado de vida próprio, uma vez que este não é decidido *a priori*. Muitos dos que ingressam e se consagram nas novas comunidades fazem-no sem se preocuparem com essa questão, deparando-se com ela apenas mais tarde.

A demanda por orientações sobre como fazer o discernimento de estado de vida pegou de surpresa os próprios fundadores e formadores das novas comunidades, visto que a experiência fundacional dessas instituições caracterizou-se, antes de tudo, por ações intuitivo-proféticas, sendo-lhes impossível prever as exigências e os questionamentos com os quais se deparariam no futuro e que resultariam do avanço apostólico e do crescimento numérico. Essa situação de instabilidade, diante das perguntas que a própria realidade suscitou a respeito do discernimento de estado de vida, agravou-se pelo fato de que não se encontra, no Magistério da Igreja, nenhuma orientação específica a este respeito.

Isso obriga que as próprias comunidades enfrentem a problemática, procurando, a partir de sua experiência, refletir sobre o assunto e ao menos apontar caminhos que ajudem a solucionar as questões postas por aqueles que desejam um esclarecimento nesse campo. Neste particular, as primeiras proposições se revestem de singular importância, pelo fato de que os ensinamentos de vanguarda costumam estabelecer pilares, às vezes paradigmas, sobre os quais se apoiam as reflexões posteriores. Por causa disso, ao escrever este livro, sinto maior peso de responsabilidade do que quando redigi outros.

Todavia, o que será dito aqui não é definitivo e muito menos normativo. Trata-se de uma reflexão com base na experiência e no estudo, uma tentativa de contribuir com o esforço formativo comum. Além disso, premissas genéricas não levam em conta as particularidades dos carismas de cada uma dessas instituições católicas. Ao propor um pensamento que se aplique substancialmente a todos, não estou descartando a possibilidade de que ele sofra variações nas realidades específicas.

A despeito da escassez de literatura a respeito do assunto em pauta — pelo menos em língua portuguesa e que seja de meu conhecimento —, este livro não pretende "preencher uma lacuna". Pelo contrário, ele se apoia naquilo que já foi proposto por formadores das novas comunidades, cuja contribuição é inestimável, dada sua grandeza e fidelidade ao Evangelho e ao Magistério da Igreja. Contudo, ouso enxergar um pouco mais longe, aprofundando alguns aspectos que julgo não esgotados e sugerindo pontos que ainda não vi serem considerados frontalmente por outros autores. O leitor notará que ora corroboro, ora refuto e, outras vezes, simplesmente matizo as referidas proposições desses formadores.

O livro está organizado em quatro capítulos de três itens cada. No primeiro capítulo, recordo que o estado de vida está entre os elementos da identidade pessoal. Sigo a proposição de outrem, aquela que adverte a respeito da necessidade de maturar primeiramente os itens identitários mais fundamentais para depois buscar definir o estado de vida. Algum denodo me permite incluir a "identidade cultural" entre os referidos elementos.

No segundo capítulo, proponho diferenciar "identidade ontológica" de "identidade histórica". Essa diferenciação servirá de aporte para aquilo que enuncio como princípios de discernimento de estado de vida: os "gerais", que são norteadores teóricos, e os "operacionais", que visam a orientar a empreitada prática. O terceiro capítulo é uma proposta de método para quem quer fazer o discernimento de estado de vida ou precisa acompanhar pessoas nesse caminho.

Por fim, no quarto e último capítulo ofereço breves orientações aos acompanhadores, além de responder a algumas perguntas que frequentemente são feitas quando falo a respeito do tema. As considerações finais sintetizam as principais ideias do livro e ressaltam a igual dignidade dos estados de vida, destacando que é precisamente assim – iguais em dignidade – que eles se apresentam nas novas comunidades.

Conquanto este seja um livro destinado prioritariamente aos membros consagrados nas novas comunidades católicas, não descarto a possibilidade de que os princípios aqui enunciados sirvam a qualquer pessoa que deseje assumir, responsavelmente, uma dessas formas de vida que levam à plenitude a própria vocação.

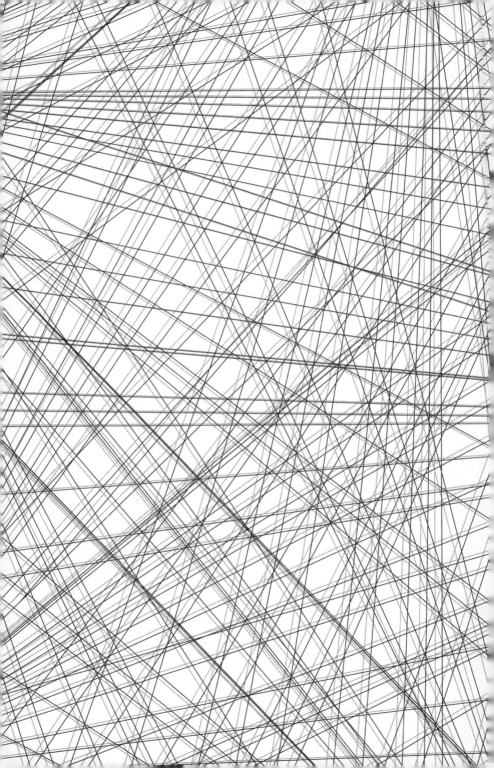

# I
# O Estado de Vida e a Identidade Pessoal

## 1. Elementos da identidade pessoal

A identidade é aquilo que a pessoa *é* em si mesma, o conjunto de elementos que a definem substancialmente. Ela determina ou pelo menos influencia significativamente o modo de agir de cada indivíduo, devendo ser o principal propulsor de suas escolhas e de suas posturas comportamentais. Por causa disso, é fundamental que a pessoa também se *auto* identifique em conformidade com esses elementos que a compõem.

É plausível considerar como sendo os principais elementos da identidade da pessoa humana:[1]

*a) A filiação divina*

A filiação divina é a primeira e mais fundamental condição humana. Trata-se da qualidade de "filho de Deus", criatura à imagem e semelhança de seu Criador. Esse é um elemento identitário que todas as pessoas possuem, visto que decorre de Deus como um ato inerente à própria criação. Conquanto atingida pelo pecado, essa condição humana foi restaurada mediante o ato redentor de Cristo; por causa disso, todo homem e toda mulher podem e devem considerar-se e agir como "filhos no Filho".

Além disso, quanto a esse elemento identitário, importa esclarecer que o amor lhe é constitutivo. Isso implica dizer que nada é mais característico de alguém do que a sua condição de "amado" e de "amante". O ser humano é o sujeito-objeto na di-

---

[1] Para a definição desses componentes, baseio-me principalmente em NOGUEIRA, Maria Emmir Oquendo. *Belo é o amor humano*: discernimento e vivência das formas de vida na Comunidade Católica Shalom. Fortaleza: Shalom, 2008.

reção de quem Deus se esvazia; antes de qualquer coisa, ele é amado. Esse amor, dado gratuito e prodigamente, capacita-o para esvaziar-se igualmente a seu Senhor, participando da filiação divina mediante a atitude de amar aos outros.[2]

Ser "amado" e "amante", portanto, é ao mesmo tempo uma graça e uma exigência da própria natureza de filho de Deus.

### b) A sexualidade

A sexualidade é a segunda condição humana mais importante, que também pertence ao núcleo identitário central de toda pessoa. Ela caracteriza o homem e a mulher não apenas no plano físico, mas também no psicológico e espiritual. Trata-se de uma componente da personalidade, uma maneira de ser, de se manifestar, de se comunicar com os outros, de sentir, exprimir e viver o amor humano.[3]

O componente sexual é inerente à criação, uma vez que Deus fez "homem e mulher". O ser humano não existe fora de um de seus "polos de afirmação": masculino e feminino. Somente sendo homem ou mulher é que a pessoa é um "ser humano" (*antropos*). Isso é tão verdadeiro que Deus, sendo um ser assexuado, quando se fez carne, assumiu um desses polos, ato sem o qual não se tornaria "humano".

Na concepção cristã, a condição sexual *é dada* (a sexualidade é, portanto, um dom). Segundo essa mesma concepção, optar por uma sexualidade fora daquilo que a pessoa recebeu gratuitamente significa pretender viver uma espécie de pseudo-humanidade. Essa compreensão ajuda a fundamentar a crítica do cristianismo à homossexualidade.

A sexualidade é uma dimensão que, se desestabilizada, causa grande desarmonia, porque constitutiva da *identidade nuclear* da pessoa. É por essa razão que os pecados de luxúria muito afetam o equilíbrio e a unicidade do ser humano, prejudicando principalmente a sua "capacidade de relacionamento". Com efeito, uma pessoa

---

[2] Cf. SOUSA, Ronaldo José de. *O discípulo amado*, passim.
[3] CONGREGAÇÃO PARA A EDUCAÇÃO CATÓLICA. *Orientações educativas sobre o amor humano*, n. 4.

desequilibrada sexualmente, mais facilmente, age com agressividade – por exemplo – com um filho pequeno que o impede de ter uma relação sexual; ou, ainda, trata a esposa como se ela fosse um objeto de desejo. Esses atos, por sua vez, causam estragos psicológicos igualmente grandes nos que são suas vítimas.

Sucessivas faltas no campo da sexualidade terminam por comprometer a ordem interior da pessoa, uma vez que algo fundamental em sua identidade vai sendo tumultuado, a saber: o ser de homem ou de mulher. São Paulo alerta em 1Cor 6,18: "Fugi da fornicação. Qualquer outro pecado que o homem cometa é fora do corpo; mas o impuro peca contra o seu próprio corpo". Entenda-se: contra si mesmo, profundamente.

De fato, a experiência com o acompanhamento demonstra que é muito complicado, por assim dizer, consertar, na interioridade das pessoas, os problemas causados pelos pecados de luxúria. Isso ocorre pelo fato de que, nesses casos, a afetação dos dinamismos psíquicos é muito maior do que em outros casos, dificultando a reordenação da "interioridade". A sexualidade não se "localiza" na periferia da pessoa, como estaria, por exemplo, a sua consciência moral a respeito de virtudes como a honestidade ou a bondade.

Os pecados sexuais fragilizam a vontade de buscar sentido, pois assanham a vontade de prazer. Quanto mais praticar impurezas, mais o homem tenderá ao egoísmo, uma vez que confundirá suas taras com "aquilo que é". Não verá sentido em renunciá-las e, sem escrúpulo algum, preferirá satisfazer as suas inclinações obscenas a doar-se a si, ainda que seja para pessoas pelas quais sente afeto.

Portanto, não é por preconceito ou puritanismo que alguns pregadores sóbrios enfatizam o perigo das impurezas sexuais. Tampouco é por ignorância que alertam para a ação dos demônios nessa área. Incapaz de obrigar quem quer que seja a voltar-se contra Deus, o Diabo tenta fazer com que a pessoa mesma renuncie a sua identidade de filho.[4] Ora, se o ser humano tem pelo menos dois elementos constitutivos nucleares da identidade – nesta ordem: a filiação divina e a categoria sexual – renunciar

---
[4] Cf. SOUSA, Ronaldo José de. *Pregador orante*, p. 101.

ou ao menos desestabilizar o segundo é um grande passo para abandonar o primeiro; numa palavra: para a perda de si, porquanto pela confusão identitária na sexualidade, a pessoa "perde-se" em uma parte fundamental de sua condição ontológica.

*c) O carisma*

Consoante Amedeo Cencini:

> O carisma não é só um evento espiritual, algo de muito piedoso e interessante que se acrescenta a partir de fora, como se fosse algo acessório a uma personalidade já formada, a um eu que já sabe tudo de si mesmo. Ao contrário, ele é a revelação da própria identidade e, mais precisamente, daquela parte do próprio eu que espera pela realização.[5]

De acordo com essa visão, o carisma da comunidade (ou da congregação, no caso dos religiosos) a qual se pertence é também um importante elemento da identidade pessoal. Com efeito, os autênticos consagrados a um carisma fundacional não sentem sua consagração como uma mera pertença institucional, mas como algo que lhe diz respeito intimamente. Obviamente, esse é um componente identitário não presente nas pessoas que não têm uma vocação específica mediante a qual consagram a vida.

Talvez por causa dessa íntima ligação entre carisma e identidade pessoal, pessoas que abandonam sua consagração, depois de um tempo relativamente longo de vivência, entram não apenas numa fase de transição, mas numa crise existencial. Igualmente, aquelas que sofrem grandes decepções com os fundadores, descobrindo, por exemplo, que estes mantinham vida dúbia, podem ter consequências quase irreversíveis no equilíbrio interior.

---
[5] *Vida consagrada*, p. 40.

*d) O estado de vida*

Já enunciei o conceito de estado de vida. Aqui, importa esclarecer apenas que ele também faz parte da identidade pessoal. Especificamente, o casamento ou o celibato oferece a possibilidade de "concretizar" a vocação fundamental para o amor, tornando-se uma espécie de via prática por meio da qual a pessoa não só serve a Deus e aos outros, mas também se reconhece nesse amor e nesse serviço.

Ao reconhecer-se como "casada" ou "celibatária", a pessoa vive e se exprime como tal. Na maioria das vezes, um comportamento em dissonância com o estado de vida constitui uma distorção identitária; ou seja, não indica apenas que a pessoa está com problemas afetivos – por exemplo – mas que sofre de um desequilíbrio em sua própria pessoalidade.

*e) A identidade cultural*

A identidade cultural é aquilo que a pessoa absorve por meio da socialização. Diz respeito aos valores e comportamentos introspectados, herdados da convivência e do estilo de vida da região e da família em que a pessoa nasceu ou pela qual foi educada. Não se trata daquilo que, circunstancialmente, a pessoa se obriga a fazer por causa de pressões sociais externas, mas dos costumes que incorporou a si mesma e que, por causa disso, a meu ver, não deixam de compor a sua identidade.

Alguns não concordam comigo neste ponto, mas não há como negar, por exemplo, que um homem nordestino é bem diferente de um homem europeu; e o jeito de cada um está como que inscrito em seu próprio ser, transbordando em seus modos de expressão. Esse "jeito cultural de ser", por vezes, é tão forte, que uma pessoa habita durante anos fora de sua terra natal, mas não abandona os hábitos originais; ou, no mínimo, demora muito para incorporar outros.

## 2. Identidade pessoal e discernimento de estado de vida

O que esse esclarecimento a respeito dos elementos da identidade pessoal tem a ver com discernimento de estado de vida? É simples. Há como que uma espécie de hierarquia desses componentes, ocupando o estado de vida apenas o quarto lugar nessa mesma hierarquia. Não é à toa que eles estão aqui enunciados em ordem, com a filiação divina, a sexualidade e o carisma antecedendo o estado de vida. É uma forma de dizer que os três primeiros são mais fundamentais e que, portanto, é desarrazoado querer discernir o estado de vida antes de atingir minimamente a maturidade nos elementos que o antecedem.

Com efeito, numa comunidade de vida principalmente, chega a ser temerário casar-se ou definir-se como celibatário antes de viver bem o batismo (pela prática da Palavra de Deus e incorporação dos valores evangélicos), identificar-se inteiramente com a condição de homem ou de mulher (sem preconceitos ou rejeições de qualquer aspecto da sexualidade ou confusão identitária) e crescer no conhecimento e na vivência do carisma ao qual pertence.

Esse último ponto é particularmente importante. Há pessoas que entram numa comunidade e estão mais preocupadas se vão casar ou não do que absorver os valores e fazer a experiência concreta de seu carisma. Em princípio, uma comunidade não é lugar para casar ou para se tornar um celibatário, e sim para consagrar a vida totalmente, sem reservas, consumindo-se a si mesmo por amor a Deus e aos irmãos.

Pessoas que não compreendem isso ou que não se preocupam, antes, com a sua firmeza vocacional no carisma acabam por priorizar seu estado de vida em detrimento do conjunto comunitário. Alguns o fazem ainda na fase preparatória, como seria o caso do casal de namorados que reivindica direitos e, quiçá, privilégios, pois considera primariamente que, "afinal, precisa ter espaço para nós dois".

É óbvio que toda pessoa necessita de que lhe sejam oferecidos tempo e condições para corresponder ao seu chamado específico. Entretanto, um casal *de comunidade* de vida tem diferenças muito concretas em relação aos, por assim dizer, casais comuns. Ele vive uma vocação (matrimonial) inserida noutra vocação (carisma), e esta segunda, no sentido de que estou falando, é maior do que a primeira. Essa compreensão é o que, mormente, justifica a instituição do chamado "celibato formativo", que é a abstinência de relações de namoro na fase de formação inicial. Algumas comunidades estabelecem essa condição no intuito de que, antes de qualquer envolvimento afetivo, a pessoa seja formada no espírito do carisma, pois, via de regra, a maturação pessoal nos primeiros níveis da identidade (filiação divina, sexualidade e carisma) antecede o discernimento a respeito do estado de vida.

## 3. Quando iniciar o discernimento

Considerando o que acabei de expor, fica relativamente fácil sugerir em que momento específico de sua vida vocacional uma pessoa consagrada deve iniciar o processo de discernimento de estado de vida. A resposta seria: quando a afirmação nos níveis primários da identidade for consistente o suficiente. No período da formação inicial, nunca. Alguns já estão prontos para isso nos primeiros anos de seus compromissos. Outros carecem de mais tempo.

Com obviedade, desde o início de sua caminhada (às vezes, até antes), uma pessoa pode ter *intuições* quanto ao que é bom almejar para si: casamento ou celibato. Mas isso não lhe autoriza a *definir* o estado de vida e priorizá-lo do ponto de vista formativo. Conquanto a maturidade nos itens identitários anteriores não necessite ser cabal, sem lacunas, a pessoa precisa antes reunir as condições mínimas que lhe permitam fazer um discernimento tão sério.

No contexto formativo das novas comunidades, decidir o momento exato de iniciar o discernimento de estado de vida não é uma tarefa apenas da pessoa, mas também de seus formadores.[6] Estes devem estar atentos para qualificar adequa-

---

[6] A ansiedade, às vezes, faz com que a pessoa busque decidir o seu estado de vida como se isso fosse uma questão exclusivamente *sua*, à margem de sua consagração.

damente quando um consagrado está interiormente livre para buscar essa definição, orientando-o na empreitada. Outrossim, os formadores devem cuidar para não antecipar, mas também para não retardar o começo do processo.

Pessoalmente, ajuízo que o discernimento de estado de vida seria a etapa conclusiva de um progressivo e fecundo processo de doação pessoal, sendo *o corpo a última coisa a ser doada*. A consagração atingiria a sua plenitude no momento dessa definição e consolidação formal, ocasião em que o consagrado já não reservaria para si qualquer coisa, nem mesmo a possibilidade de decidir algo futuro a respeito de seu corpo.

Ora, o estado de vida é um modo de traduzir a doação de si em doação física total. Portanto, o discernimento a este respeito está inserido num contexto mais amplo, a saber: no conjunto da dedicação total da pessoa a Deus. Considerando que "a doação física total seria falsa se não fosse sinal e fruto da doação pessoal total",[7] parece-me coerente dizer que a definição no campo do estado de vida situa-se na fase cabal do processo de consagração e não em seu início ou meandros.

No contexto de um caminho progressivo de doação de si, chega um momento em que a pessoa sente necessidade de discernir o seu estado de vida, assim como sente desejo de professar compromissos permanentes, a fim de conferir estabilidade à sua consagração. Sadiamente, isso ocorre como o resultado natural da gradativa e perene entrega de si a Deus. Se essa necessidade emergir antes da maturação da consagração, muito provavelmente ela tem origem em outras motivações, quiçá de cunho estritamente afetivo.

Isso não significa dizer que, enquanto a pessoa não discerne seu estado de vida, ela sofre de instabilidade. Não há razões para pensar que isso ocorra caso a pessoa esteja *em processo* de doação de si. A inconstância pessoal decorre maiormente da condição de alguém que se consagra com reservas e que, passado algum tempo, inquieta-se com o fato de não ter uma defini-

---
[7] João Paulo II. *Familiaris Consortio*, n. 11.

ção no campo do estado de vida. Mais provavelmente, incomoda-se de não estar casada.

Meu juízo acerca da doação física total como último estágio da doação pessoal decorre principalmente de um olhar para o exemplo de Jesus. Em sua Paixão, o corpo flagelado de Cristo é a expressão derradeira do dom de si, total e radical. Jesus já havia doado seu tempo, sua sabedoria, seus milagres, sua pregação, seu acolhimento, enfim, quase tudo. Faltava o seu corpo. Desde o início de seu ministério, o corpo do Senhor estava incluso em sua entrega de vida, mas na Paixão isso atinge uma proporção muito ampla, revestida de totalidade e irrevogabilidade.[8]

No caso dos consagrados, talvez essa plenitude seja ordinariamente atingida justamente por ocasião da definição e consolidação do estado de vida, momento em que nem mesmo o corpo pertence mais à pessoa. Com efeito, o corpo do celibatário pertence radicalmente ao Senhor e o dos esposos a seus cônjuges (cf. 1Cor 7,4.32-35). Consumado o estado de vida, a dimensão física da pessoa, aquilo que possui de mais íntimo, integra-se plenamente à consagração de si. O corpo é disponibilizado *para o desgaste* por amor ao Reino de Deus, seja no casamento (a serviço da maternidade/paternidade, por exemplo) ou no celibato (não descartando a possibilidade de que esta entrega redunde em martírio).[9]

Sob essa ótica, chama atenção um instante da Paixão do Senhor – para mim, crucial –, aquele em que lhe tiram as vestes (cf. Jo 19, 23-24). Quando Cristo expõe-se em sua nudez, é como se um esposo entrasse no leito nupcial.[10] É como se Jesus, célibe por opção, estivesse se casando. Desse modo, o calvário se torna o acontecimento tipo que exprime os dois modos mais específicos de realizar a vocação cristã para o amor. O momento em que a doação de Cristo atinge a sua plenitude, porque *ali Ele doa o corpo, sendo este a última coisa doada*. "Matrimônio e vir-

---

[8] A este respeito, cf. o apêndice deste livro.
[9] A meu ver, esse princípio demonstraria com mais precisão as razões pelas quais a doutrina cristã é contra as relações pré-conjugais.
[10] Note-se o contraste com Adão, que escondeu a sua nudez (cf. Gn 3, 10).

gindade são, pois, os dois sinais que fazem memória na Igreja da virgindade esponsal do Senhor e expressam a condição virginal esponsal da própria Igreja".[11]

Alguém me disse certa vez que discerniu o seu estado de vida ao pé da cruz. Pensei comigo: "Não há lugar melhor". Pois ali se contempla tanto o casamento quanto o celibato, estados de vida que pertencem a um único mistério de amor e doação, aquele que Cristo revelou em sua Paixão, esperando que outros completem *na carne* o que faltou às suas tribulações (cf. Cl 1,24).

---

[11] José Cristo Rey García. In: *Dicionário teológico da vida consagrada*, p. 124.

# II
# Discernimento de Estado de Vida: Princípios Fundamentais

## 1. Conceito de discernimento de estado de vida

Em sentido religioso, por "discernimento" se entende o processo pelo qual a pessoa, à luz da Palavra e dos sinais de Deus, busca compreender o plano e a vontade do Senhor nas diversas matérias que envolvem a sua caminhada cristã. O discernimento implica sempre a relação com o mistério.[1] Não é uma questão de lógica ou de ponderação prática, como às vezes se faz para escolher uma profissão. Trata-se de um procedimento mistagógico, que se inclui numa ampla experiência de fé.

No caso do "estado de vida", discernir é buscar compreender a melhor forma de *plenificar* a vocação original para o amor e, em acordo com aquilo que já dissemos a respeito do celibato e do matrimônio, para própria consagração da vida. Esse tipo de discernimento reveste-se de particular importância, porque, como também já dissemos, o estado de vida é um componente da identidade pessoal e potencializa a plena realização do eu na perspectiva do amor.

Para os consagrados, o discernimento acerca do estado de vida está revestido de maior importância ainda, dadas as exigências concretas e a própria natureza de sua consagração. Esta os impulsiona para uma definição cada vez mais completa no tocante à doação de si, chegando a uma entrega que inclua o próprio corpo e que lhes confira estabilidade de vida e de identidade.

---

[1] "Mistério" em sentido religioso não significa temeridade diante das trevas, mas relativa incompreensão por causa da prodigalidade da luz (cf. CENCINI, Amedeo. *Os modelos formativos*. Palestra proferida na Comunidade Canção Nova, Cachoeira Paulista-SP, 2010).

## 2. Princípios gerais

Creio que o que há de mais importante num caminho de discernimento de estado de vida é ter claros os princípios. Por causa disso, demandarei esforço, aqui, para estabelecer, em primeiro lugar, alguns norteadores teóricos gerais sobre os quais devem se apoiar a empreitada. Esses princípios deverão estar "à vista" antes e durante o processo, servindo alguns deles até para depois da definição, pois dão suporte à vivência sadia e fecunda do celibato ou do matrimônio.

### 2.1. O discernimento deve fundamentar-se no amor

O amor é o sentido de tudo, especialmente na vida da pessoa consagrada a Deus. Portanto, o estado de vida não deve ser visto como um fim em si mesmo, e sim como um meio para plenificar o amor. Esse princípio é essencial, para que o consagrado não faça do estado de vida um componente de um projeto individual, algo que ele reservou para si como uma meta.[2]

Antes de querer casar-se ou ser celibatária, a pessoa deve querer amar a Deus e ao próximo, com o desejo sincero de fazê-lo até as últimas consequências. Com efeito, "a caridade tem (...) caráter peculiar e único: é imposta como fim por ela mesma, sem subordinação a nenhuma outra perfeição ulterior, de modo ilimitado".[3]

Se o amor é o sentido de tudo, ele deve ser a base principal para o discernimento do estado de vida. Este não pode partir do egoísmo, ou seja, de coisas como: "eu acho bonito", "minha família sempre sonhou com isso" ou "se eu for celibatário, estarei mais

---

[2] Cf. EMMIR NOGUEIRA. *O caminho de discernimento do estado de vida*. Palestra em DVD. Fortaleza: Shalom, s/d.
[3] SEVERINO M. ALONSO. In: *Dicionário teológico da vida consagrada*, p. 277.

livre para a missão". Não é o que o estado de vida pode proporcionar à pessoa que deve servir de alicerce, pois isso seria como pesar "os prós e os contras" e tomar uma decisão meramente racional, fora da perspectiva relacional com Deus e com os outros.

O estado de vida não é uma possibilidade de realização do eu em si mesmo, pois o que realiza o ser humano é o amor. A mentalidade equivocada a este respeito é o que está na raiz de muitas frustrações, principalmente daqueles que se casam na expectativa de que o casamento os faça felizes. Conforme já adverti, o estado de vida apenas potencializa a plena realização do eu, pelo fato de ser uma forma específica de amar e não porque contém em si mesmo essa capacidade.

Indica Emmir Nogueira:

> Em nenhum momento, portanto, a forma de vida adquire caráter egoísta, centrada em si, voluntarista ou em benefício próprio. Pelo contrário, ela é sempre um *sim* livre e generoso à vontade de Deus (...). Sempre um movimento *para fora*, sempre nossa melhor forma de evangelizar.[4]

### 2.2. O estado de vida pertence à identidade histórica do indivíduo

Este é o princípio geral que julgo mais importante depois do primeiro. Ele servirá de aporte para toda a reflexão que se segue, reflexão esta que, devo advertir, pode quebrar alguns paradigmas já bastante sedimentados na cultura religiosa católica e no ambiente das novas comunidades.

Quando indiquei, na primeira parte deste livro, quais são os elementos que compõem a identidade pessoal, não fiz uma distinção importante, que segue. Observemos o gráfico abaixo:

---
[4] *Belo é o amor humano*, p. 181.

**Identidade**

A meu ver, existe uma diferença entre aquilo que podemos chamar de "identidade ontológica" e de "identidade histórica". Esta é composta de elementos *construídos* e *transitórios*, enquanto aquela se compõe de itens *dados* e *eternos*. Esses quatro adjetivos são importantíssimos para a nossa compreensão, podendo inclusive serem memorizados pelo leitor antes de continuar.

Vejamos:

Elementos da identidade ontológica > dados e eternos.

Elementos da identidade histórica > construídos e transitórios.

Os itens primários e mais importantes da identidade pessoal – filiação divina e sexualidade – pertencem à "identidade ontológica", porque são dons de Deus que perduram para a vida eterna. O estado de vida e a identidade cultural, por sua vez, são categorias exclusivamente "históricas", porque ordinariamente nada de seu conteúdo está definido antes do nascimento; além disso, as pessoas vivem como "cidadãs de tal lugar" ou como "casadas/celibatárias" apenas na temporalidade.⁵ Na eternidade, não haverá casados; portanto, também não haverá celibatários. Conquanto o celibato não possa ser definido como uma "carência de matrimônio", ele também não pode ser entendido senão em paralelo com o casamento e, mais especificamente, com a relação sexual. Em sentido estrito, não pode haver celibato onde não há relações sexuais.

A identidade carismática é, ao mesmo tempo, ontológica e histórica. Melhor dizendo: o carisma imprime nas pessoas vocacionadas aspectos identitários que perdurarão para a eternidade e outros que se encerrarão ao acabar o ciclo histórico da inspiração.⁶ Os aspectos que se encerram são aqueles que dizem respeito às necessidades da Igreja e do mundo para as quais o carisma constitui uma resposta e que definem, mormente, a "missão" temporal do instituto. A "missão" de um instituto é integrada à identidade pessoal dos membros, visto que doam suas vidas também em função da realização desse projeto carismático. Obviamente, tal projeto não tem mais razão de ser nos novíssimos.

O que tem caráter permanente é aquilo que diz respeito ao núcleo do carisma, impresso igualmente na identidade pessoal. Os vocacionados a uma fundação carismática são verdadeiramente "eleitos" por Deus para vivenciar o carisma, ocasionando uma espécie de pertença totalizante. Essa eleição, quiçá dada antes do nascimento, imprime nos consagrados algo que certamente não lhes será tirado, a saber, aquilo que define a sua pessoalidade, sem o que perderiam algo essencial de si mesmos; ou, noutras palavras: aquela revelação identitária que o carisma lhes conferiu e que persistirá de algum modo para a vida eterna.

Normalmente, quando exponho essa minha opinião, as pessoas não têm dificuldades de entender que a "identidade cultu-

---

⁵ Essa classificação e o necessário esclarecimento a respeito da transitoriedade do estado de vida e da identidade cultural não querem torná-los aspectos pouco importantes; toda pessoa tem sérias responsabilidades no âmbito desses elementos, dado o valor e a unicidade da vida presente.
⁶ Cf. FÁBIO CIARDI. *Carisma de fundação*. Palestra proferida na Comunidade Canção Nova, 2010.

ral" é construída e transitória, mas ficam em dúvida se o estado de vida apresenta essas mesmas características. Exponho mais adiante as razões pelas quais entendo o estado de vida como algo "construído". Entrementes, é biblicamente clara a transitoriedade do casamento, haja vista o que Jesus esclarece em Mt 22, 30: "Com efeito, na ressurreição, nem eles se casam nem elas se dão em casamento, mas são todos como os anjos do céu".

Ora, se matrimônio e celibato são estados intimamente relacionados um ao outro, dessa passagem bíblica se pode depreender que, igualmente ao matrimônio, o celibato também não persiste na eternidade. "Mas – sempre me perguntam – o celibato não antecipa o modo de viver dos tempos novíssimos?" Sim. Todavia ele "antecipa" a realidade celeste apenas enquanto *sinal* e não como realidade em si. E o faz pelo fato de que a condição do célibe, por assim dizer, exprime melhor o que será vivido no céu.

Em sentido estrito, o celibato não permanece na eternidade, pois ele não pode ser entendido em si mesmo, e sim em condição relacional com o matrimônio. Pelo menos esta é a perspectiva da Carta aos Coríntios, em que "a virgindade é frequentemente mencionada a propósito do casamento e vice-versa. Paulo assim sugere a complementariedade desses dois estados, que não se podem compreender isoladamente".[7]

*2.3. A vontade de Deus, na matéria "estado de vida", deve ser compreendida como "histórica"*

Uma vez que o estado de vida pertence à "identidade histórica" e não à "identidade ontológica", o discernimento a respeito desse elemento está envolto nas circunstâncias concretas da vida de cada pessoa. Como realidade temporal, o estado de vida de alguém não poderia ser definido por Deus, como pensam alguns, "desde toda a eternidade e para toda a eternidade".[8] Neste particular, deveríamos procurar a "vontade histórica" de Deus.

---

[7] A BÍBLIA DE JERUSALÉM, p. 2155.
[8] Cf. DENIS E SUZEL BOURGERI. *Glorioso encontro*, p. 10.

O que podemos entender como sendo a "vontade histórica" de Deus? São os planos ou os desígnios de Nosso Senhor para alguém, numa determinada matéria, concebidos *na relação* concreta entre Deus e a pessoa. Ora, toda pessoa, mesmo considerada em sua relação com Deus, está envolta em várias nuances inerentes à sua condição humana-temporal, a saber: capacidades ou deficiências físicas, intelectuais e psicológicas; nível de maturação dos sentimentos, da afetividade e da sexualidade; disposições da inteligência e da vontade; virtudes e deficiências morais; aptidões espirituais e relacionais; contextos social, familiar e comunitário; impedimentos objetivos para determinadas tarefas; entre outras.

Assim sendo, é como se Deus, para estabelecer sua vontade quanto ao estado de vida de alguém, levasse em conta todas essas nuances; e não poderia deixar de considerá-las, uma vez que elas pertencem à realidade concreta *da pessoa*.

No quesito "estado de vida" não se deve buscar, portanto, uma vontade de Deus concebida *desde sempre* e sim na relação *histórica* e nas circunstâncias que envolvem esta relação. Em outras palavras, quando se trata de casamento ou de celibato, a vontade de Deus não deve ser entendida de modo irrestrito, e sim como algo que Deus desejaria para a pessoa naquela circunstância histórica específica.

Alguns buscam discernir o seu estado de vida, parecendo aguardar uma revelação sobrenatural a respeito, tanto melhor e mais credível se tal revelação tiver algum teor espasmódico. Outras pessoas se comportam – ainda que com paciência e serenidade – como se Deus tivesse traçado para elas um projeto de vida imutável, determinando inclusive se devem ou não se casar, quiçá até com quem. Considero ingênuo esse tipo de visão, além de não ter nenhum respaldo bíblico.

Se Deus definisse o casamento de alguém com outrem aprioristicamente, estaria obrigado a fazer com que essas pessoas se apaixonem uma pela outra? A compreensão que atribui a Deus a escolha dos cônjuges beira a uma espécie de determinismo teológico. Não obstante, é um entendimento enraizado na mentalidade de grande parte dos adeptos do pentecostalismo, dos membros das novas comunidades e dos participantes de alguns movimentos de casais.

Impressiona-me como isso foi introspectado nas pessoas de modo tão acrítico. Se Deus determinasse os cônjuges, Ele não criaria pessoas e sim pares. Como poderíamos explicar, à luz desse raciocínio, os casos em que um homem contrai matrimônio pela segunda vez, após ficar viúvo? Deus teria "programado" a morte da primeira mulher para que a segunda pudesse casar-se com tal homem?

Alguém poderia argumentar que Deus, em sua onisciência, já sabia que a primeira esposa iria morrer e, portanto, providenciou a segunda. Então, qual seria o plano de Deus para esta segunda? Que ela esperasse vários anos até que os fatos se sucedessem, para que pudesse realizar a sua vocação? Enquanto não contrai núpcias, essa mulher seria alguém cuja vocação é casar-se, mas que deve esperar a morte de outrem, para só depois realizar o seu projeto? E no caso de um homem viúvo que desposa uma mulher igualmente viúva? Desde toda eternidade, Deus teria escolhido dois ou três parceiros para cada um?

Imaginemos que Deus tenha escolhido uma pessoa para casar-se com outra. Por razões circunstanciais uma dessas pessoas contraiu matrimônio válido com alguém que não era a pessoa escolhida por Deus. Como ficaria a situação daquela que foi preterida? Nunca se casaria, porque aquele que foi escolhido por Deus para ela está impedido? Ou, se vier a casar-se com outro, não estará fazendo a vontade de Deus? Ou, ainda, desposará alguém para quem Deus já tinha outro parceiro, desencadeando assim um "efeito dominó"?

Obviamente, Deus não criou o ser humano e o abandonou à própria sorte. Ele cuida de nós até em questões menos essenciais, quanto mais naquilo que diz respeito a algo tão sério e comprometedor como o casamento. Como adverte Emmir Nogueira: "A Providência Divina, sendo ela uma manifestação do amor divino, abrange dos menores e escondidos aos mais importantes e mais visíveis aspectos de nossa vida".[9] Creio que

---

[9] *Belo é o amor humano*, p. 160.

Deus aplaina caminhos, abre portas, aponta sinais, revela sua "vontade histórica". Não descarto nem mesmo a possibilidade de que, excepcionalmente – mas apenas excepcionalmente –, Deus predetermine o casamento de um homem com uma mulher, em vista de uma missão que reservou para ambos.[10]

Entretanto, não foram poucas as pessoas que já encontrei com sérios problemas, por causa das escolhas malfeitas nessa matéria, escolhas estas que tomaram por base a mentalidade à qual estou me referindo. Algumas, inclusive, apoiaram-se em supostas palavras proféticas, à mercê das evidências históricas contrárias (por exemplo: resolveram casar com alguém, porque "o Senhor revelou", sem levar em conta a já comprovada incapacidade de ser fiel do pretendente).

Não creio que Deus defina aprioristicamente o casamento de ninguém, donde suponho que, ordinariamente, também não preceitua "antes do nascimento" a quem quer que seja que se torne célibe.[11] Não encontro respaldo na Bíblia nem no Magistério da Igreja para essa proposição. A vocação matrimonial não tem o mesmo *status* da vocação profética ou carismática.

Algumas pessoas já me advertiram, com muita honestidade, que esta minha visão é equívoca, porque "a vontade de Deus não muda". Penso que a vontade de Deus muda, sim! Em que sentido podemos dizer que a vontade de Deus é imutável? Quando consideramos Deus em si mesmo e não em relação com a criatura. Na relação com as pessoas, Nosso Senhor não pode prescindir das contingências humanas. Por exemplo: se um homem tinha vocação sacerdotal (e era vontade de Deus que ele se tornasse padre), mas ele contraiu matrimônio legítimo, a vontade de Deus agora é que ele se mantenha casado e não que seja padre (como outrora). Num caso como esse, portanto, o querer de Deus se modificou!

---

[10] Seria o caso de São José e Nossa Senhora?
[11] O caso de Jeremias está incluso no contexto das ações simbólicas que reforçam a pregação do profeta (cf. Jr 16, 1-4); além disso, a ordem de Deus para este enviado é "histórica" no sentido em que estou falando e não se inclui em sua vocação profética propriamente dita (cf. Jr 1, 4-9).

O temor de encarar a vontade de Deus como algo histórico pode decorrer do receio – bastante piedoso, certamente – de que temos de atribuir à Divindade uma postura instável e condicionada às mudanças dos tempos. Indubitavelmente, Deus não é inconstante. Mas a concretização de seus planos na vida dos homens depende das reservas e instabilidades destes. Essa mutabilidade da vontade de Nosso Senhor, portanto, não deve ser entendida no sentido de que "Deus mudou de ideia", como se Ele estivesse sujeito às indefinições no nível do conhecimento;[12] mas no sentido de uma nova direção tomada diante dos atos do homem (nem sempre desejáveis, é verdade), uma vez que Deus não pode, sob nenhum pretexto, abandonar a criatura a si própria.

Portanto, a meu ver, não existe um "antes que eu te formasse eu já te havia designado" para ser celibatário ou para ser casado. O estado de vida é uma vocação apenas em sentido histórico. A escolha de Deus "desde toda a eternidade" é daquilo que compõe a identidade ontológica e não a histórica. Se o estado de vida fosse algo dado e definitivo, uma pessoa que ficasse viúva precisaria casar-se novamente o mais rápido possível, sob pena de tornar-se instável em sua pessoalidade.

A condição de "casado" ou de "celibatário" é tão histórica que pode sofrer variações, sem que a situação da pessoa fique irregular perante a Igreja. Tome-se, por exemplo, o caso de um padre que obtém autorização para se casar ou de um casado que, depois de viúvo, é ordenado sacerdote. Há outras situações nas quais o estado de vida se altera, devendo-se alterar, portanto, esse "item" da identidade pessoal.

A argumentação em favor da busca de uma vontade de Deus, a-histórica para definição do estado de vida, fundamenta-se pouco na Bíblia. Os que fazem essa alegação, quase nunca citam os dois textos bíblicos mais específicos a respeito de casamento e do celibato: 1Cor 7 e Mt 19,1-12. Aqui, vou considerar o primeiro, deixando a asserção mateana para quan-

---

[12] A vontade humana geralmente muda por causa da variação (especialmente da evolução) do conhecimento.

do estiver discorrendo sobre o quarto e último princípio geral, mais adiante.

O texto de 1Cor 7 é um clássico. Nele, a maneira como São Paulo trata o assunto chama atenção pelo seu realismo.[13] Ao orientar sobre os procedimentos a respeito do casamento e do celibato, Paulo leva em conta muito mais os aspectos práticos da vida do que um suposto caráter "sobrenatural" das duas vocações. Tomemos por referência estes quatro versículos:

> Agora, a respeito das coisas que me escrevestes. Penso que seria bom ao homem não tocar mulher alguma. Todavia, considerando o perigo da incontinência, cada um tenha sua mulher e cada mulher tenha seu marido (1-2).
>
> Aos solteiros e às viúvas, digo que lhes é bom se permanecerem assim, como eu. Mas se não podem guardar a continência, casem-se. É melhor casar-se do que abrasar-se (8-9).

Por duas vezes Paulo considera o perigo da incontinência sexual e recomenda o casamento aos que forem incapazes de manter o controle, chegando a ser pragmático: "É melhor casar-se do que abrasar-se" (v. 9b). Esse é o momento em que, na argumentação paulina, o matrimônio assume o *status* de disciplinador dos desejos carnais. Paulo subordina os apetites sexuais à vocação matrimonial, de maneira que a paixão seja orientada para o amor, o prazer para o "dar prazer" e a satisfação para a doação. Sob essa perspectiva, "a exemplificação do construtor ou a do rei orientam nossa resposta em sentido restringido: somente alguns devem viver sem mulher. Antes de se decidirem a isso, devem ponderar suas próprias capacidades".[14]

---

[13] Nesse texto, Paulo não trata do casamento e da virgindade em geral, mas responde ponto a ponto às questões que lhe foram propostas pela comunidade de Corinto (cf. A BÍBLIA DE JERUSALÉM, p. 2155). Todavia, as orientações não deixam de estabelecer certas premissas que podem ser tomadas como gerais.

[14] ANGEL APARICIO. In: *Dicionário teológico da vida consagrada*, p. 112. O autor refere-se ao texto bíblico de Lc 14,28-33.

Implicitamente, Paulo recomenda considerar, no discernimento do estado de vida, a possibilidade ou não de controle sobre a dimensão erótica. Afastando essa recomendação bíblica, não poucos formadores propõem um discernimento à mercê dos enfrentamentos das pessoas nessa área, esperando uma "garantia" de Deus. Procedem levando em conta um suposto chamado sobrenatural, independente da realidade objetiva das pessoas, como se elas fossem anjos e não homens. Conquanto a virgindade seja irradiada pela futura antropologia da ressurreição, esta não substitui a antropologia do homem "histórico", no qual permanece ao mesmo tempo a herança da tríplice concupiscência, a herança do pecado.[15]

Não estou, com isso, dizendo que uma pessoa deve casar-se só porque não consegue guardar a continência, mas defendo que este elemento deve ser levado em conta na hora do discernimento. Sigo, em certa medida, a "interpretação pessoal" de São Paulo a respeito da verdade já proclamada por Cristo no tocante ao celibato.[16] É fato que o apóstolo não olha para o matrimônio exclusivamente do ponto de vista de um *remedium concupiscentiae*, mas o considera também como "uma exortação a dominar a concupiscência", como graça, mas ao mesmo tempo como *ethos*, ou seja, um modo de imprimir uma ordem ética à desordem das paixões, dominando assim a tendência à satisfação egoísta e tornando o *eros* algo digno da condição de pessoas.[17] Eu estou dizendo, como provavelmente Paulo também o estivesse, mais ou menos isto: "É melhor superar a luxúria, por meio da graça do matrimônio, do que permanecer mergulhado em suas chamas".[18]

---

[15] Cf. João Paulo II. *Teologia do corpo*, p. 348.
[16] Cf. *Ibidem*, p. 365.
[17] Cf. João Paulo II. *Teologia do corpo*, p. 376, 449-450. O beatíssimo Papa diz, ainda, a esse respeito: a) "O matrimônio é o lugar do encontro do eros com o ethos" (p. 450); b) "O matrimônio como sacramento serve imutavelmente para que o homem, varão, e mulher, dominando a concupiscência, façam a vontade do Pai" (p. 453).
[18] Christopher West. *Teologia do corpo para principiantes*, p. 83.

Alguém argumentaria em favor da graça de Deus que é maior do que a fraqueza humana. Certamente que sim. Entretanto, a graça de Deus age *na pessoa*. Embora seja uma força sobrenatural, não supõe que sejam eliminadas radicalmente as incongruências pessoais. A experiência prática demonstra que é uma ingenuidade acreditar que, ordinariamente, "a graça" capacita para algo, alguém que não tenha o mínimo de condições humanas de realizar esse algo. Esse tipo de proposição denota uma visão excessivamente abstrata, a-histórica, a respeito do derramamento da graça de Deus.

Uma capacitação prescindindo e aquém de qualquer inclinação humana só ocorre excepcionalmente. Deus pode, por infusão de uma graça, fazer com que alguém, completamente incapaz para algo, consiga realizá-lo satisfatoriamente? Sim! Todavia, ordinariamente, Ele não o faz. Antes, Deus se aproveita das capacidades humanas e as eleva, ainda que elas estejam escondidas, pois enquanto o homem vê somente a aparência, Deus vê o coração (cf. 1Sm 16,7b).

Mesmo a asserção paulina "basta-te a minha graça" (cf. 2Cor 12,9) não respalda uma visão globalizante da ação de Deus, uma vez que a referida asserção deve ser considerada em seu contexto, sendo temerário torná-la uma inferência geral e indiscriminada. Seria um risco muito grande, para não dizer uma irresponsabilidade, definir para si um estado de vida, sabendo de antemão que não tem condições de vivê-lo a não ser que aconteça um milagre.

Seguindo São Paulo, não se poderia falar em celibato ou casamento considerando apenas sua motivação mística que, de fato, é empolgante, mas que por vezes se vê obscurecida pelas circunstâncias concretas. Além disso, é preciso considerar que, no plano puramente psicológico, a situação da pessoa celibatária parece menos favorecida em relação à da casada. Isso se deve à ausência, na vida célibe, daquele tipo peculiar de relação com o outro sexo, instaurada com a intimidade conjugal, que priva o celibatário de certa possibilidade de integração do outro diferente na sua própria personalidade.[19]

---

[19] Cf. AMEDEO CENCINI. *A hora de Deus*, p. 186.

> Com realismo, deve-se dizer que o celibatário parte com essa desvantagem (...), encontra-se numa situação de risco, pois a renúncia ao exercício do instinto genital poderia implicar também menor possibilidade expressiva de outras necessidades fundamentais.[20]

Outro aspecto prático considerado por Paulo é aquele relacionado com as exigências da missão. Quando diz que "o solteiro cuida das coisas do Senhor" (v. 32b), o Apóstolo requisita que, no discernimento do estado de vida, a pessoa não deixe de levar em conta a dificuldade de conciliar a vida matrimonial com os desafios da vida ministerial. Falarei sobre isso mais adiante.

### 2.4. O discernimento do estado de vida comporta ampla medida de escolha pessoal

O texto de 1Cor 7 trata a respeito do estado de vida não como algo dado *a priori*, mas antes como uma escolha livre e sem coação, como se pode ver nos versículos 36 e 37:

> Se alguém julga agir de modo inconveniente para com a sua virgem, deixando-a passar da flor da idade, e que portanto deve casá-la, *faça o que quiser; não peque*. Que se realize o casamento! Mas aquele que no seu coração *tomou o firme propósito, sem coação e no pleno uso da própria vontade*, e em seu íntimo *decidiu conservar a sua virgem*, esse procede bem (grifos meus).

É também a partir do referido texto que podemos depreender que o discernimento a respeito do casamento ou do celibato comporta ampla medida de escolha pessoal. Paulo distingue, assim como – conforme veremos – Jesus também o faz, entre conselho e mandamento, procurando explicar, de maneira muito precisa, que a decisão acerca da virgindade e, por consequência, acerca do casamento, deve ser voluntária.[21]

---

[20] *Ibidem*, p. 189.
[21] Cf. João Paulo II. *Teologia do corpo*, p. 366-367.

A liberdade que cada pessoa deve ter para assumir este ou aquele estado de vida é algo que a Igreja preserva em absoluto. E não me parece haver razão para supor que isso se alteraria caso a pessoa se consagre numa comunidade de vida ou de aliança. É grave a intervenção arbitrária de quem quer que seja nessa matéria, mesmo autoridades, sobretudo quando são elas que pretendem dizer aos seus subordinados qual o estado de vida a que Deus os chamou.

É nesse particular que convém considerar outro texto bíblico clássico a respeito do casamento e do celibato, o de Mt 19,1-12. Indagado sobre o repúdio das esposas, Jesus recorda que, no princípio, o Criador fez o homem e a mulher e disse: "Por isso o homem deixará pai e mãe e *se unirá* à sua mulher e os dois serão uma só carne" (v. 5 – grifo meu). Note-se que, em primeiro lugar, é o homem que *se une* à mulher e não Deus que os une antes de eles nascerem. Aqui se manifesta a liberdade humana, sua capacidade de escolha, sua decisão pessoal.

Em seguida – mas somente em seguida –, Jesus adverte que "o que *Deus uniu*, o homem não deve separar" (v. 6b – grifo meu). O texto induz a pensar que há, após a escolha pessoal, uma espécie de referendo de Deus. Ao se decidir pelo casamento e unir-se a uma mulher, Deus então corrobora a opção do homem. Com efeito, o matrimônio é qualificado pelo Magistério da Igreja como "o pacto de amor conjugal ou *escolha consciente e livre*, com a qual o homem e a mulher recebem a comunidade íntima de vida e de amor, querida pelo próprio Deus".[22]

Consoante João Paulo II, "são os esposos que se dão reciprocamente o consentimento matrimonial, jurando, isto é, confirmando diante de Deus a verdade do seu consentimento".[23] Essa asserção do beatíssimo Papa corrobora, além disso, a doutrina conciliar segundo a qual a íntima comunidade conjugal de vida e amor, fundada e dotada de leis próprias pelo Criador, "baseia-se na aliança dos cônjuges, ou seja, no seu irrevogável consentimento pessoal".[24]

---

[22] Cf. JOÃO PAULO II. *Familiaris consortio*, n. 11 (grifo meu).
[23] Cf. JOÃO PAULO II. *Familiaris consortio*, n. 10.
[24] CONCÍLIO ECUMÊNICO VATICANO II. *Gaudium et Spes*, n. 48.

O Código de Direito Canônico deixa claro que "origina o matrimônio o consentimento entre pessoas hábeis por direito, legitimamente manifestado, o qual não pode ser suprido por nenhum poder humano" (Can. 1057). Quando não há liberdade suficiente para a escolha, o casamento é considerado nulo.[25] Note-se que a nulidade matrimonial não toma por referência se a união conjugal aconteceu por vontade de Deus ou não e sim se aconteceu pela vontade dos nubentes. Não é dispensável recordar que ainda que a pessoa escolha errado, arrependendo-se depois, se o matrimônio for válido, ele é indissolúvel do mesmo jeito.

É também João Paulo II que, comentando os primeiros capítulos do livro do Gênesis, indica que a unidade, por meio da qual homem e mulher se tornam uma só carne, tem desde o início um caráter de união que deriva de uma escolha. Daí por que Gn 2,24 esclarece que "o homem deixa seu pai e sua mãe e se une à sua mulher". Pois, enquanto o ser humano pertence "por natureza" aos seus genitores, une-se pelo contrário à mulher (ou ao marido) por escolha, inclusa a reciprocidade, sendo esta que estabelece o pacto conjugal entre as pessoas.[26]

Com base no evangelho de São Mateus e nessas orientações oficiais da Igreja, pode-se afirmar que o que Deus faz (unir o homem e a mulher em matrimônio) não antecede o ato humano, mas o corrobora. Ou seja: Deus une aqueles que se escolheram mutuamente, sacramentando o ato livre, ainda que o casamento não seja algo prudentemente discernido. Ademais, a expressão "o que Deus uniu, o homem não deve separar" é, antes, uma "afirmação categórica da indissolubilidade do liame conjugal".[27] Não se pode depreender dela que Deus une as pessoas em matrimônio prescindindo de suas escolhas.

É no mínimo estranho que a vontade de Deus seja que alguém se case com outra pessoa determinada por Ele. Não há respaldo bíblico para uma compreensão tão absoluta e absur-

---

[25] Cf. ainda os cânones: 1089, 1095-1097, 1099, 1101, 1103-1104, 1680.
[26] Cf. JOÃO PAULO II. *Teologia do corpo*, p. 59.
[27] Cf. A BÍBLIA DE JERUSALÉM, p. 1874.

damente determinista nessa matéria, mesmo considerando os episódios que envolvem os casamentos de Isaac e Rebeca (cf. Gn 24,1-66), Tobias e Sara (cf. Tb 3-9). Analisemos esses dois textos, começando pelo de Gênesis.

Abraão pediu a seu servo que fosse à terra de sua parentela *escolher* uma mulher para seu filho (v. 4). A fé de Abraão o fez apostar na providência de Deus: "Iahweh enviará seu anjo diante de ti, para que tomes lá uma mulher para meu filho" (v. 7b). Quando chegou a Aram, o servo de Abraão contou com essa providência e pediu um sinal a Deus, para que sua escolha não fosse errada: aquela que desse de beber a ele e aos seus camelos, "esta será a que designaste para teu servo Isaac" (v. 14b).

Aqui, a expressão "a que designaste" não deve ser compreendida, sem incorrer em equívoco, como o estabelecimento de uma predeterminação de Deus a respeito de quem seria a esposa de Isaac, e sim como uma "designação histórica", ou seja, a manifestação da providência de Deus na campanha que foi empreendida pelo servo responsável. O servo de Abraão parece ter essa compreensão, pois ele não se contentou apenas com a confirmação do sinal, mas, ulteriormente, permaneceu observando a jovem em silêncio, "perguntando-se se Iahweh tinha ou não levado a bom termo sua missão" (v. 21b).

Em outras palavras: mesmo depois de receber o sinal divino solicitado, ele ainda se perguntava se realmente Rebeca seria a mulher que deveria escolher para Isaac. Note-se que o discernimento não foi feito a partir de um princípio mágico ("mas o Senhor falou tão claro!"). O discernimento foi tomando corpo mediante uma "observação silenciosa". Iahweh havia guiado os passos daquele servo, respondendo à sua oração e dando-lhe um sinal (v. 27b). Mas ele continuou ponderando a respeito da moça.

Ao ouvirem o depoimento do servo, Labão e Batuel dispuseram Rebeca prontamente, alegando que "isso procede de Iahweh" (v. 50). Mas o contexto revela que essa prontidão dos familiares esconde na verdade um interesse financeiro (cf. v. 30). No fim das contas, ainda que parcial, o consentimento de Rebeca (v. 58) foi aquilo que configurou a consumação da "vontade histórica" de Deus. A adesão da moça é quem "fecha" o discernimento.

Passemos agora à bonita história de Tobias, mais especificamente ao modo como ocorreu o seu casamento com Sara. Segundo Tb 3,16-17, o anjo Rafael foi enviado por Deus como uma resposta às orações de Tobit (pai de Tobias) e de Sara. Essas orações nem mesmo incluem um pedido para que Deus providencie um casamento para qualquer um deles. Pelo contrário: Tobit e Sara pediram para morrer (cf. Tb 3,6; 3,14-15).

Rafael foi enviado para curar os dois e "dar Sara, filha de Raguel, como esposa a Tobias". Mas a razão apresentada pela Sagrada Escritura para que o anjo fizesse isso por acréscimo é "porque Tobias tinha mais direitos sobre ela que todos quantos a pretendiam" (v. 17). Portanto, o casamento deveria acontecer por causa de uma prescrição legal e não em virtude de uma escolha sobrenatural.

Quando Tobit "chamou, pois, seu filho para junto de si" (cf. 4,3) e lhe enumerou diversos conselhos, entre eles estava que *escolhesse* para esposa uma mulher "da linhagem de teus pais" (4,12b), assim como os antepassados que, igualmente, "*escolheram* sua esposa dentro da própria estirpe" (4,12c – grifo meu). Como se vê, o livro de Tobias, assim como a sabedoria judaica em seu conjunto, quando o assunto é casamento, não trabalha sob a égide de qualquer tipo de determinismo teológico.

O anjo Rafael acompanhou Tobias em sua empreitada e fez todas as recomendações para que ele não morresse como os anteriores maridos de Sara. Entre essas recomendações, Rafael disse: "No momento de unir-te a ela, levantai-vos ambos para fazer oração e suplicai ao Senhor do Céu que vos conceda sua graça e sua proteção. E não temas, pois *ela te foi destinada desde o princípio*, a ti compete salvá-la" (Tb 6,18 – grifo meu). A expressão "te foi destinada desde o princípio" é um hebraísmo e não pode ser entendida, sem grande risco de erro, como uma designação de Deus "desde toda eternidade" para que acontecesse o casamento em pauta. O contexto não permite isso. Essa compreensão suporia que Deus teria, em certo sentido, "condenado" desde sempre os outros maridos a morrerem sob o jugo de Asmodeu para que Tobias tivesse Sara. As palavras de Rafael devem ser entendidas, antes, como *uma promessa*, apoiada na qual "era mais fácil para ambos afrontar a prova de vida e de morte, que lhes esperava durante a noite nupcial".[28]

Segundo Tb 6,12, *era justo* que Tobias tomasse Sara e fosse herdeiro dos bens do seu pai. Essa "justiça" é histórica e não decorre do desígnio eterno de Deus, pois naquele momento, segundo a lei, Tobias tinha direito a Sara por ser o seu parente mais próximo (cf. 7,10). Outrossim, Tb 7,11 deixa claro que Sara deve ser dada a Tobias "segundo a sentença da lei de Moisés". O procedimento é, portanto, justo e, por isso – não por outra razão –, "o Céu decreta que ela te seja dada". Sara se tornou esposa de Tobias somente "a partir de hoje" (cf. v. 11).

A história de Tobias, portanto, não tem a intenção de revelar que Deus escolhe alguém "para", mas de demonstrar que a sua fidelidade concorre em tudo para o bem do homem. "É essa providência cotidiana, essa proximidade de um Deus benévolo, que o livro convida a reconhecer".[29]

O leitor perspicaz já observou que, em minha opinião, o que se afirma a respeito do matrimônio, no tocante ao discernimento, pode-se igualmente afirmar a respeito do celibato, uma vez que são estados de vida intimamente relacionados. Isso implica dizer que se Deus não pré-determina o casamento de ninguém, também não estabelece previamente o celibato para nenhuma pessoa. Com efeito, no texto mateano que estávamos analisando (Mt 19,1-12), Jesus aproveita a inquietação dos discípulos diante do casamento,[30] para fazer uma revelação nova, aquela a respeito do celibato.

Conquanto qualifique o celibato como um dom (cf. v. 11), Jesus refere-se a este com a mesma objetividade com que discorre sobre o casamento, ou seja, privilegiando a escolha pessoal e

---

[28] João Paulo II. *Teologia do corpo*, p. 505.
[29] A Bíblia de Jerusalém, p. 724.
[30] "Se é assim a condição do homem em relação à mulher, não vale a pena casar-se" (v. 10).

não a descoberta de algo dado *a priori* ou numa vontade de Deus predeterminada. O Mestre esclarece que, a despeito daqueles que são circunstancialmente impossibilitados para o matrimônio, existem também os que "*se fizeram* eunucos por causa do Reino dos Céus" (v. 12c – grifo meu). Jesus "aproveita a ocasião para afirmar o valor *da opção* de não se casar com vista ao Reino de Deus".[31] João Paulo II clarifica: "A partir desta *escolha*, têm início a vida consagrada, as Ordens e Congregações Religiosas no Oriente e no Ocidente, bem como a disciplina do celibato sacerdotal, segundo a tradição da Igreja Latina".[32]

Em certo sentido, Jesus demonstra que é a própria pessoa que se faz celibatária. A motivação sugerida por Ele para alguém "se fazer eunuco" não é nem mesmo uma estrita e caracterizada atração pessoal pelo estado de vida celibatário, mas "o Reino dos Céus", ou seja, o dinamismo da proximidade com Deus que polariza de tal modo a vida do crente, que este somente pode viver pelo e para o Reino. Fora das coordenadas do Reino não se pode falar em celibato cristão.[33] Citemos, ainda, João Paulo II, quando este se refere à resposta de Jesus sobre a questão:

> Na doutrina da Igreja vigora a convicção de estas palavras não exprimirem *um mandamento* que obriga a todos, mas *um conselho* que diz respeito só a algumas pessoas. (...) A continência para o Reino dos Céus, *como fruto de uma opção*, é uma exceção a respeito do outro estado.[34]

Portanto, com base principalmente nos textos de Mt 19,1-12 e 1Cor 7, mas também no Magistério da Igreja, podemos afirmar que o estado de vida assume caráter normativo somente quando a pessoa também escolhe vivê-lo, abraçando-o em caráter irrevogável. É nesse momento que se configura a vontade

---

[31] João Paulo II. *Carta às famílias*, n. 18 (grifos meus).
[32] *Ibidem*, n. 18 (grifos meus).
[33] José Cristo Rey García. In: *Dicionário teológico da vida consagrada*, p. 123.
[34] *Teologia do corpo*, p. 331.

de Deus, "vontade histórica" que não só exprime o seu grande amor por cada homem ou mulher que lhe segue, mas também que ressalta a dignidade da pessoa humana no uso de sua liberdade e responsabilidade.

Já me acusaram de estar, com esse raciocínio, submetendo a vontade de Deus à vontade humana. Não reclamo e sou grato a quem me questiona. Mas, honestamente, não creio que esteja fazendo tal inversão. Pois, ao definir-se por um estado de vida na relação com o Senhor, porém com larga participação da liberdade pessoal, a pessoa estará aderindo à "vontade histórica" de Deus, acolhendo a sua providência amorosa ao mesmo tempo em que protagoniza a própria vida. Se a questão fosse somente saber o que Deus determinou, sem nenhuma participação ativa da pessoa, isso não seria um exercício de discernimento e sim de escuta. Ora, discernir não é a mesma coisa que escutar.

Essa perspectiva não quer colocar o celibato ou o casamento como escolha pessoal em sentido estrito, radical, exclusivo da pessoa, especialmente no caso dos consagrados. Mas pretende minimizar os conflitos e confusões causados quando as pessoas, geralmente mal dirigidas espiritualmente, chegam à conclusão de que o matrimônio "é o estado de vida que Deus escolheu para mim". Ou quando, em decorrência disso, elas concluem que o que têm de fazer é apenas identificar ou (Meu Deus! Pior ainda!) esperar.

Quando alguém chega a conclusões desse tipo e, na sequência, depara-se com acontecimentos que dificultam (ou até impedem) essa suposta realização vocacional (principalmente quando não encontra o parceiro esperado), a pessoa passa a não compreender por que Deus tem uma vontade e não providencia as condições para que ela se realize. E a pessoa tem razão em questionar! Não raras vezes, ela se decepciona com Deus, que leva a culpa dos ensinamentos equivocados que fazemos. Sem falar naquelas pessoas que escolhem errado por causa de fragilidade afetiva ou de padrões da mentalidade secular e depois atribuem isso à vontade de Deus. Essa confusão avulta sobretudo nos momentos de crise matrimonial, ocasião em que o cônjuge se torna "a cruz que Deus me deu para eu carregar".

Outra consequência dessa mentalidade são pessoas que ficam com medo de se aproximar de Deus e tratar com Ele a respeito do estado de vida. Normalmente, são homens ou mulheres que desejam se casar e têm receio de que Deus os chame para a vida celibatária. Ora, é coisa fora de propósito que um consagrado tenha medo de dialogar com o seu Senhor a respeito do que quer que seja. Isso cria uma situação que nega a própria natureza da consagração, originando outros problemas na sequência. Tal negação não se gera apenas por causa da fraqueza pessoal do consagrado, sua falta de confiança em Deus, mas também por causa da visão equivocada que ele absorveu a respeito do estado de vida e do discernimento a seu respeito.

Para mim está claro que Deus não obriga ninguém a ser celibatário, assim como não obriga ninguém a se casar. Deus não determinará que alguém seja celibatário se esta pessoa não estiver disposta a acolher esse dom em espírito de liberdade e gratidão. Portanto, não há o que temer. Há, sim, um percurso de amor e realização para o qual Deus nos chama e anseia que o aceitemos, discernindo adequadamente os compromissos a serem assumidos.

Nesse ponto, é importante ressaltar que a condição de uma pessoa consagrada confere a ela uma maior responsabilidade no tocante ao discernimento do estado de vida *na relação com Deus*. Uma vez que se doou totalmente ao Senhor, a pessoa consagrada não pode subtrair essa matéria do relacionamento com Ele, como se o estado de vida fosse uma questão exclusivamente sua.

Também considero que a pessoa consagrada não pode eximir-se de fazer esse discernimento e de definir o seu estado de vida, argumentando que é livre para escolher ou que "não sente necessidade disso". Se a consagração não altera substancialmente a condição gozada por todos os batizados, de liberdade individual no tocante ao estado de vida, acho que ela impõe algo que não está posto para os cristãos comuns, a saber: a obrigação de discernir o estado de vida como forma de levar à plenitude a doação de si, atingindo o nível do corpo. Uma abstenção voluntária dessa responsabilidade não se justifica, sob nenhum pretexto. Só se pode admitir que um consagrado não assuma um dos estados de vida propostos, se houver algum impedimento objetivo. Mais adiante, tratarei da questão dos "solteiros".

Um consagrado deve buscar compreender a vontade de Deus *para a circunstância histórica concreta,* na qual ele, *em sua condição de consagrado,* está inserido. Não deve tentar descobrir algo pensado por Deus desde sempre, como se o estado de vida fizesse parte de sua identidade ontológica. Todavia, tem a responsabilidade, mais do que outros, de discernir este mesmo estado de vida, no interior de uma dinâmica que envolve a sua condição de "eleito" por Deus (consagração), levando em conta as contingências pessoais (capacidades, impedimentos etc.), as circunstâncias contextuais (exigências apostólicas, necessidades da comunidade etc.), bem como o uso de sua liberdade pessoal.

Encarar o discernimento de estado de vida sob essa perspectiva não significa, a meu ver, abandonar o primado da vontade de Deus, mas introduzi-lo numa experiência de fé que não tira do consagrado a condição de sujeito nem dispensa o olhar providencial de Deus atuando em sua vida.

## 3. Princípios operacionais

Enquanto os quatro princípios enunciados até aqui, chamados de "gerais", são norteadores teóricos, os quatro que se seguem se chamam "operacionais" justamente porque orientam o discernimento do estado de vida em sentido prático.

### *3.1. O matrimônio é a vocação ordinária do ser humano*

Desde a origem da humanidade, o homem e a mulher são chamados não só a existir "um ao lado do outro", mas também a existir *reciprocamente,* ou seja, "um para o outro". Conquanto essa pertença seja abrangente, o matrimônio pode ser considerado a primeira e, num certo sentido, a fundamental dimensão desta chamada. A unidade, de que fala Gênesis 2,24 ("os dois serão uma só carne"), é sem dúvida aquela que se exprime e se realiza no ato conjugal.[35]

Casar-se, portanto, é "a *vocação ordinária do homem*, que é abraçada pela maior porção do Povo de Deus".[36] O homem e a mulher se tornam imagem e semelhança de Deus não tanto no momento da solidão original quanto no momento da comunhão que formam mediante a união conjugal. Homem e mulher foram criados para o matrimônio. Tal perspectiva está radicada na consciência da humanidade e também na particular compreensão do significado esponsal do corpo, com a sua masculinidade e feminilidade.[37]

Muita gente exclui esse princípio quando inicia o processo de discernimento do estado de vida, não raras vezes procurando razões de caráter metafísico para justificar a sua inclinação ao matrimônio. Ora, tal inclinação está como que inscrita na natureza de cada pessoa, razão pela qual o casamento seria o modo corriqueiro de realizar a vocação para o amor.

Com efeito, não é fácil comprovar que exista alguém "naturalmente" sem inclinação ao casamento e, mais especificamente, às relações sexuais. Somente alguém muito absorvido numa mentalidade individualista não sentiria vontade de constituir uma família, ter uma companhia de outro sexo a seu lado, além de filhos e de uma estrutura nuclear de pessoas que concorra para a sua segurança e estabilidade de vida.

Considerar o matrimônio como vocação ordinária serve, antes de qualquer coisa, para que as afeições das pessoas nesse campo não sejam supervalorizadas, o que ocorre quando o indivíduo se apega veementemente ao "desejo de casar" e o toma como critério de discernimento absoluto ou predominante, obviamente, para confirmar a sua suposta vocação *sobrenatural* para o casamento.

Parece-me conveniente que se use este princípio (o matrimônio é a vocação ordinária do ser humano) como um "ponto de partida", uma vez que, desse modo, não se iniciaria um dis-

---

[35] Cf. JOÃO PAULO II. *Teologia do corpo*, p. 58.
[36] JOÃO PAULO II. *Carta às famílias*, n. 18.
[37] Cf. JOÃO PAULO II. *Teologia do corpo*, p. 91.

cernimento prescindindo de uma realidade natural, com todas as repercussões que ela pode causar na consciência, nos sentimentos e na vontade do indivíduo. Num processo que visa a discernir o estado de vida, não se deve procurar no interior da pessoa uma *eventual* inclinação ao casamento, como se ela existisse apenas em alguns. Busca-se, preferencialmente, se essa pessoa recebeu um dom específico, para além da referida propensão, no caso: o dom do celibato.

### 3.2. O celibato foi instituído por Cristo como um dom extraordinário e superior

Conquanto houvesse, nos tempos do Antigo Testamento, certa valorização positiva ao celibato – ou à abstinência sexual – como condição para o trato assíduo com o Senhor, seria preciso esperar a palavra e o exemplo de Jesus para que se pudesse falar de virgindade em sentido estritamente religioso. Cristo encabeçou uma legião de celibatários, homens e mulheres, sendo Ele próprio a revelação e o sentido último desse estado de vida. A identidade teológica do celibato se descobre, sobretudo, em Jesus Cristo.[38]

O celibato, portanto, foi instituído por Jesus Cristo, que lhe deu caráter de dom extraordinário e superior. Esse estado foi vivido em circunstâncias e formas variadas desde os primeiros séculos do cristianismo, sendo constitutivo da vida religiosa monacal e daquela posterior. A reincidência da vida celibatária na história da Igreja indica que os celibatários de hoje estão incluídos na legítima tradição da Igreja e não podem ser enxergados, como às vezes se faz – notadamente em relação aos membros das novas comunidades –, como adeptos de uma novidade excêntrica, cuja pretensão é questionar os tempos atuais ou constituir uma casta de "perfeitos".

Mas examinemos brevemente cada um dos qualificativos do celibato: dom, extraordinário e superior. Que o celibato seja *um*

---

[38] Cf. JOSÉ CRISTO REY GARCÍA. In: *Dicionário teológico da vida consagrada*, p. 122.

*dom*, isso está prescrito na fala de Jesus contida no clássico texto de Mateus 19,1-12, já comentado neste livro. Ali, Cristo pleiteia que a vida célibe seja uma doação livre, uma escolha "por causa do Reino dos Céus" (v. 12). Mas também acrescenta que: "Nem todos são capazes de compreender essa palavra, *só aqueles a quem é concedido*" (v. 11 – grifo meu).

Com essas palavras, Jesus esclarece que "*o celibato por amor do Reino dos céus* é fruto não só de uma *escolha* livre da parte do homem, mas também de uma *graça* especial da parte de Deus, que chama determinada pessoa para viver o celibato".[39] Na Igreja, desde muito cedo que a virgindade foi reconhecida como um carisma especial, concedido pelo Espírito a alguns homens e mulheres. O celibato não surgiu da iniciativa dos homens, mas resulta de uma graça que nem todos recebem ou compreendem.[40]

O caráter de "dom" supõe que as pessoas que intentam abraçar esse estado de vida devem verificar, no processo de discernimento, se receberam de Deus uma graça específica para assim viverem e se comportarem. De qualquer modo, enquanto carisma, o celibato é dom germinal que não se desenvolve sem a colaboração da liberdade. O Espírito concede o dom sem a iniciativa do homem, mas não o leva à plenitude sem que este colabore.[41]

O celibato é *extraordinário* quando posto em relação com o casamento. É realmente "necessário ver na vocação para tal continência um tipo de exceção ao que é de preferência uma regra comum desta vida".[42] Isso não significa necessariamente que poucas pessoas abracem o celibato, mas não há como negar que, diante do matrimônio, o número de celibatários é menor. Com efeito, sendo o casamento a vocação ordinária do ser humano, o celibato assume caráter especial, também por causa de seu vínculo mais estreito com o Reino de Deus.

---

[39] João Paulo II. *Mulieris Dignitatem*, n. 20.
[40] Cf. José Cristo Rey García. In: *Dicionário teológico da vida consagrada*, p. 121.
[41] Cf. José Cristo Rey García. In: *Dicionário teológico da vida consagrada*, p. 122.
[42] João Paulo II. *Teologia do corpo*, p. 332.

O Reino dos Céus é a causa que explica a vida célibe. A conduta dos celibatários ressalta a importância que o Reino adquiriu para eles. O amor de Deus, feito ternura e acolhida, apresenta-se aos olhos desses seguidores com nitidez tal que não podem senão viver esse amor com exclusividade. O celibatário pelo Reino dos Céus está santamente obsessionado pelo único amor.[43]

É com base nesse vínculo radical do celibatário com o Reino de Deus que a Igreja define a *superioridade* do celibato:

> A virgindade testemunha que o Reino de Deus e a sua justiça são aquela pérola preciosa que é preferida a qualquer outro valor, mesmo que seja grande, e, mais ainda, é procurada como o único valor definitivo. É por isso que a Igreja, durante toda a sua história, defendeu sempre *a superioridade* deste carisma no confronto com o do matrimônio, em razão do laço singular que ele tem com o Reino de Deus.[44]

E ainda:

> Na primeira *Carta aos Coríntios* (7,38), o apóstolo anuncia a superioridade da virgindade sobre o matrimônio, doutrina constante da Igreja no espírito das palavras de Cristo, relatadas no *Evangelho de Mateus* (19,10-12), sem ofuscar absolutamente a importância da maternidade física e espiritual.[45]

Com efeito, São Paulo considera a união "sem partilha" com o Senhor superior a qualquer amor temporal: "Digo-vos isto em vosso próprio interesse, não para vos armar cilada, mas para que façais *o que é mais nobre* e possais permanecer junto ao Senhor sem distração" (1Cor 7,35 – grifo meu). As palavras do apóstolo

---

[43] Cf. ANGEL APARICIO. In: *Dicionário teológico da vida consagrada*, p. 110.
[44] JOÃO PAULO II. *Familiaris consortio*, n. 16 (grifo meu).
[45] JOÃO PAULO II. *Mulieris dignitatem*, n. 22.

não requisitam uma superioridade "de natureza", considerados os estados em si mesmos, mas decorrente de sua relação com o Reino dos Céus. Conforme adverte Christopher West: "Se o celibato é 'melhor', não o é por si mesmo, mas por ser abraçado *para o Reino*".[46]

A superioridade do celibato pode ser vista também a partir de seu significado escatológico, pois da "forma de existência futura do masculino e feminino, o celibato pelo Reino quer ser profecia".[47] O casamento também é tradicionalmente apontado como um sinal das coisas futuras, penhor das "núpcias do Cordeiro" (cf. Ap 21,2.9-10). Contudo, "na virgindade, o homem está inclusive corporalmente em atitude de espera pelas núpcias escatológicas de Cristo com a Igreja".[48] O celibato, portanto, seria um sinal "puro" dos novíssimos.

A necessária designação do celibato como dom superior não quer desqualificar o matrimônio, mas apenas ressaltar a excelência da virgindade em vista de sua proximidade com o Reino. Qualquer um que, com base nisso, quisesse destituir o casamento de seu caráter eminente, estaria não só contra a Bíblia e o Magistério da Igreja, mas em oposição a toda a reflexão teológica pós-conciliar, que deu largos passos objetivando uma visão que evite as concepções unilaterais do passado.

É também João Paulo II que esclarece:

> Aquela "superioridade" da continência sobre o matrimônio não significa nunca, na autêntica Tradição da Igreja, uma depreciação do matrimônio ou uma diminuição do seu valor essencial. (...) A superioridade evangélica e autenticamente cristã da virgindade, da continência, é, portanto, ditada por motivo do Reino dos Céus.[49]

---

[46] *Teologia do corpo para principiantes*, p. 85.
[47] PONTIFÍCIO CONSELHO PARA A DOUTRINA DA FÉ. *Carta aos Bispos sobre a colaboração entre o homem e a mulher na Igreja e na sociedade*, n. 12.
[48] JOÃO PAULO II. *Familiaris consortio*, n. 16.
[49] *Teologia do corpo*, p. 348.

### 3.3. O discernimento deve ser feito tendo como objeto principal apenas um estado de vida

Este é o mais operacional dos "princípios operacionais". Considerando as razões enunciadas anteriormente e, de outro lado, visando a evitar que a pessoa seja introduzida num universo heterogêneo, cheio de nuances, o discernimento deve ser feito em vista de *apenas um* estado de vida.

Quando se trabalha com "múltipla escolha", fica mais difícil a definição. Observados à luz da Bíblia e do Magistério da Igreja, os estados de vida são igualmente atraentes e empolgantes. A pessoa pode se ver envolvida de tal forma nessa beleza múltipla, que se confundirá. Assim, o melhor é discernir "em vista de algo" e não de várias coisas ao mesmo tempo.

Mas, qual dos estados de vida deve ser vislumbrado? Não é tão difícil proceder a esta escolha. Sendo o casamento uma vocação ordinária, o discernimento deve ser feito preferencialmente na direção do celibato, tão logo se tenha as condições mínimas necessárias, a saber, aquelas relacionadas à maturação nos primeiros níveis da identidade. Já enunciei aqui o que considero como sendo o momento ideal para se iniciar o discernimento do estado de vida.

Diferentemente do celibato, o discernimento em vista do casamento só pode ser feito, a meu ver, quando, além da referida maturação identitária anterior, a pessoa vislumbrar a possibilidade real de a união conjugal se realizar. Concreta e ordinariamente, isso ocorre quando se está namorando com tempo suficiente para pensar em se casar. Com efeito, se o casamento só se realiza paritariamente, é desarrazoado iniciar um discernimento dirigido a ele sem que a pessoa tenha outra com quem se casar. Neste particular, a primeira coisa a perguntar é se esta outra *quer*, igualmente, casar-se com ela.

Portanto, a meu ver, não deveria existir um discernimento em vista do "casamento em si", posto que ninguém se casa consigo mesmo, e sim um discernimento para o "casamento com".[50]

---

[50] Aqui, não estou, nem mesmo indiretamente, defendendo que o discernimento em vista do casamento deva ser feito "a dois"; estou apenas reiterando que toda pessoa

A questão não é apenas saber se a pessoa, deve se casar, e sim se deve casar-se com *aquela outra pessoa*, normalmente com a qual está namorando.

A pretensa definição do estado de vida "matrimônio", fora dessa perspectiva relacional, tem ocasionado não poucas confusões, uma vez que a pessoa, que assim interpretou, acha que sua vocação de se casar é sobrenatural, que foi dada a ela por Deus aprioristicamente, não entendendo, se não a realiza, por que Deus não providencia as condições para que isso ocorra. Alguns se decepcionam com o próprio Deus (justificadamente, se considerarmos sua linha de interpretação). Existem também os resignados que não cansam de esperar, e, ainda, aqueles que transformam a busca de um parceiro ou parceira numa verdadeira obsessão, pelo fato de imaginar ter descoberto uma vocação *divina* ao casamento.

A ausência de um parceiro pode deixar a pessoa numa angustiosa expectativa por aquele ou aquela que Deus teria reservado para ser seu cônjuge; ou, ainda, criar uma situação conflituosa, desnecessária, talvez frustrações, caso o discernimento não se confirme na prática, mediante a realização do casamento.

Do que dissemos se depreende que, enquanto para um discernimento em vista do celibato, a pessoa deva abrir mão de qualquer experiência de namoro, este é, via de regra, necessário quando o discernimento visa ao matrimônio. Indagando sobre se é conveniente discernir o estado de vida namorando, Emmir Nogueira e Silvia Lemos defendem que, no período de discernimento, a pessoa abra mão de todo e qualquer relacionamento de namoro.[51] A julgar pelo conjunto de sua obra, a visão dessas autoras decorre do fato de que elas não adotam o princípio que aqui estou enunciando, mas trabalham com múltiplas opções. No meu esquema, o namoro seria desaconselhável no caso do discernimento em vista do celibato, mas quase sempre imperativo quando se vislumbra o casamento. Mesmo considerando que alguém apaixonado terá dificuldades de concluir que não

---

já é naturalmente vocacionada ao matrimônio, dispensando um discernimento "individual".

[51] Cf. *Tecendo o fio de ouro*, p. 439.

deve se casar, não faria sentido pedir a alguém que termine o namoro enquanto discerne se vai casar ou não.

**3.4. Se a pessoa conclui que não deve ser celibatária, conserva--se aberta a realizar a vocação para o matrimônio**

Muitas pessoas me perguntam: "Se alguém chegar à conclusão de que não tem o dom do celibato, necessariamente terá de casar?". Obviamente que não. Pelo menos não de imediato. Contudo, conservar-se-á aberta a realizar a sua vocação natural para o matrimônio, que não ocorrerá apenas se houver impedimentos objetivos: não há parceiro, idade, inaptidão física etc. Conforme já advertimos, há dois modos de realizar a vocação cristã para o amor: o celibato e o matrimônio. Portanto, nas novas comunidades, se uma pessoa consagrada não é celibatária, penso que ela deve considerar a possibilidade de se casar.

Quando um não celibatário, por razões objetivas, não realiza (ou enquanto não realiza) a sua vocação natural para o matrimônio, aqui se configura a condição da pessoa solteira. Conquanto civilmente o celibatário seja um solteiro, em sentido religioso as duas categorias não se confundem, justamente pelo fato de que o celibato é um carisma enquanto que o *status* de solteiro é circunstancial. "Solteiro" aqui não deve ser entendido como outro estado de vida, muito menos como uma carência dele. Não há carência de estado de vida no solteiro, pois ele é naturalmente vocacionado para o matrimônio.

A meu ver, nas novas comunidades, "solteiro" deve ser entendido como a condição histórica da pessoa naturalmente vocacionada para o matrimônio, mas que não o realizou por razões objetivas ou, quem sabe, por motivos subjetivos graves. Na realidade das novas comunidades (especialmente nas comunidades de vida), esses impedimentos objetivos não são raros, dados alguns aspectos como: maior número de membros do sexo feminino, disciplina de não consagrar casados sem que seus cônjuges também se consagrem, entre outros.

Restrições desse tipo existem também fora do âmbito das comunidades, como, por exemplo, a linha reta de consanguinidade.[52] O que ocorre nas comunidades de vida é que o universo de possibilidades se retrai ainda mais. Neste particular, penso que um consagrado não pode requisitar o direito de se casar com alguém de fora da comunidade, sob a alegação de que isso não lhe é possível no âmbito comunitário, pois, por suposto, qualquer pessoa que se torna membro de uma instituição conhece as suas normas e está ciente das implicações destas.

Portanto, no meu entendimento – sempre em referência ao universo das novas comunidades –, o solteiro não é alguém que não se sentiu chamado nem ao matrimônio, nem ao celibato, pelo que se configuraria uma carência de estado de vida. Tampouco devemos ver nessa condição uma espécie de quarto estado de vida. Os solteiros seriam aqueles que, "*por motivos independentes da sua vontade*, não se puderam casar e depois aceitaram a sua situação em espírito de serviço".[53]

Enquanto não se casa – condição que pode perdurar a vida inteira –, a pessoa solteira consagrada pode incorporar em sua "espiritualidade" alguns aspectos da categoria de celibatário, pois: "Quem não tem esposa cuida das coisas do Senhor e do modo de agradar ao Senhor" (1 Cor 7,32b). Também não se pode descartar a possibilidade de que o *status* de "solteiro" possa evoluir para o celibato, atestado por um segundo processo de discernimento.

Caso as condições objetivas sejam superadas, julgo que a pessoa consagrada solteira não deve deixar de realizar a vocação matrimonial por acomodação, medo ou outra razão acidental. Obviamente, com isso, não estou dizendo que a pessoa deva casar-se com alguém especificamente só porque "precisa" fazê--lo (para realizar sua vocação ordinária, uma vez que não é celibatária) e não tem outra opção a não ser ele/ela. Estou apenas enunciando uma postura comportamental que, segundo minha

---

[52] Cf. CÓDIGO DE DIREITO CANÔNICO, c. 1091.
[53] JOÃO PAULO II. *Familiaris consortio*, n. 16.

visão, melhor condiz com a identidade dos consagrados, cuja doação de vida deve ter a marca da totalidade.

Esse quarto princípio operacional suscita duas questões que considero mais conveniente responder aqui e não na parte das "perguntas". A primeira diz respeito à possibilidade de a pessoa *optar* por permanecer solteira. Isso seria lícito no contexto da consagração da vida nas novas comunidades? O Magistério da Igreja não censura essa atitude, mas, pelo contrário, a legitima, considerando o direito à liberdade de que dispõe toda pessoa humana:

> Ela [a Igreja] sabe, ainda, que normalmente *o homem sai da família para realizar, por sua vez num novo núcleo familiar, a própria vocação de vida.* Mesmo quando *opta por ficar sozinho*, a família permanece, por assim dizer, o seu horizonte existencial.[54]

Entretanto, o Papa vislumbra aqui o universo de todo o povo de Deus e não o ambiente das novas comunidades especificamente. Não podemos esquecer que os membros das novas comunidades são *consagrados*, categoria que acopla obrigações e modos de viver não rotineiramente observados nos batizados "comuns".

Segundo o esquema conceitual que exponho aqui, nas novas comunidades, não deixa de ser estranho que alguém *opte* por viver como "solteiro", uma vez que isso significaria um ato volitivo de não inclusão do corpo na doação de si. A definição e realização do estado de vida é, a meu ver, a via ordinária e formal mediante a qual ocorre esta doação física.

Uma "opção" nesse sentido só se justificaria em circunstâncias especiais, como seria o caso de alguém que viveu como solteiro até os cinquenta anos e, nessa idade, foi pedido em casamento. Mesmo que a proposta lhe agrade, ele ou ela podem

---

[54] João Paulo II. *Carta às famílias*, n. 2 (segundo grifo meu).

ponderar sobre as dificuldades que teriam para adaptar-se à vida matrimonial, aquela altura, achando melhor seguir o preceito paulino de "permanecer como está" (cf. 1Cor 7,27). Outro caso seria o de uma pessoa viúva, mesmo ainda jovem, que preferisse não se casar considerando, por exemplo, a dificuldade dos filhos de se adaptarem ao padrasto/madrasta.

Fora dessas e de outras possíveis exceções, que razões uma pessoa consagrada teria para *escolher* ficar solteira? Se não deseja casar-se, o celibato não se apresentaria como uma opção muito mais em acordo com a sua condição de consagrado? Não poderia pedir ao Senhor que lhe desse esse dom? Ademais, a escolha de não se casar não deixaria de criar uma categoria específica no interior da vida comunitária – a da pessoa "solteira por opção", decorrendo daí algumas implicações práticas, como, por exemplo, as que seguem.

Esse pretenso "solteirismo" seria assumido publicamente perante a comunidade? E se um "solteiro assumido" perante todos, e reconhecido como tal pela comunidade, depois resolver se casar? Sendo solteira e não havendo impedimento, essa pessoa não estará vedada de fazê-lo. Dificilmente o direito próprio poderia proibi-la, alegando que ela é "um solteiro por opção", reconhecida como tal. Todavia, esse casamento não ocorreria sem criar algum tipo de confusão no interior da comunidade. Imaginemos o que isso causaria, caso essa mesma pessoa fosse reconhecida na comunidade como uma solteira "por vontade de Deus", sendo essa condição adquirida após ter feito o processo de discernimento de estado de vida.

Portanto, a meu ver, um consagrado não deveria escolher viver como solteiro, a não ser por razões externas e não imputáveis, pois isso seria incoerente com sua busca pela doação total a Deus, que deve atingir o nível do corpo. Para os consagrados, completado o tempo ideal, o discernimento em vista do estado de vida torna-se quase que normativo. Menos ainda, a condição de solteiro pode derivar da conclusão de um discernimento formal e acompanhado pela comunidade.

A outra questão que se levanta a partir desse quarto princípio operacional é quanto à plenitude da consagração. Se, conforme defendi no início, o matrimônio e o celibato são as duas formas de plenificar a consagração de vida, o solteiro, então, seria um consagrado incompleto? Não. A realização do celibato ou do matrimônio seriam as vias *ordinárias* de plenificação da doação de vida. Certamente, Deus pode tornar pleno, por caminhos *extraordinários*, aquilo que aos nossos olhos carece de completude.

Tais vias extraordinárias não seriam concedidas, em princípio, àqueles que se recusassem voluntariamente a discernir o seu estado de vida, realizando-o em caráter irrevogável, mas somente aos que aceitaram a sua condição de "solteiro" em espírito de serviço.

Concluindo este capítulo, a título de exemplo, vamos representar graficamente o percurso de alguém que fizesse o discernimento em vista do celibato e concluísse pela não realização desse estado de vida:

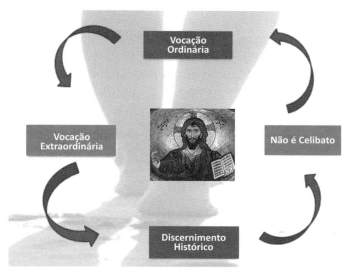

Explicando melhor o itinerário: consciente de que tem inclinação natural ao matrimônio, a pessoa dirigiria seu processo de discernimento em vista do celibato, dom extraordinário e superior. O discernimento seria feito considerando a "vontade histórica" de Deus, com ampla medida de escolha pessoal e não como a descoberta de algo "dado" aprioristicamente. Ao concluir que não é chamada a ser celibatária, a pessoa se conservaria aberta a realizar a vocação original ao casamento. Cristo está no centro de tudo. Note-se que, nesse exemplo, levamos em conta praticamente todos os princípios gerais e operacionais enunciados aqui.

# III
# Um método para discernimento de Estado de vida

Pode-se chegar à definição do estado de vida de diversas maneiras, até repentina ou inusitadamente. Quantas pessoas não se casaram ou se tornaram celibatárias de um modo quase "natural", sem longos percursos e praticamente sem dúvidas! Contudo, quando falamos de "discernimento", estamos nos referindo a *um processo* no qual a pessoa debruça-se sobre a matéria, buscando compreender, à luz da vontade de Deus, a forma mediante a qual levará à plenitude a sua vocação original para o amor. Vista sob esse prisma, a definição do estado de vida, normalmente, demanda tempo e acompanhamento adequado, chegando a requisitar um método.

Na realidade concreta das novas comunidades católicas, provavelmente, seja de algo assim que sintam falta tanto os indivíduos quanto os acompanhadores. Afinal, por onde começar o discernimento? Como lhe dá prosseguimento? Em que instante seria possível encerrá-lo? Um procedimento "técnico" pode ser um excelente recurso, facilitador oportuno, especialmente nos casos em que a pessoa tem maior dificuldade de enxergar o seu caminho.

O método que proponho aqui pressupõe que a pessoa esteja bem identificada nos três aspectos primários de sua identidade pessoal: filiação divina, sexualidade e carisma. Além disso, sua funcionalidade depende da aquisição e consideração dos princípios gerais e operacionais enunciados neste livro.

É necessário esclarecer, ainda, que o caminho apresentado a seguir é apenas *um* método e não *o* método. Portanto, não pleiteio eficácia ampla ou irrestrita, nem descarto a possibilidade de que, uma vez testado, apresente incongruências em realidades específicas. Não custa alertar também que um método não tem eficiência em si mesmo, dependendo, no caso em questão, de uma verdadeira e fecunda vida no Espírito segundo a índole de cada carisma.

Trata-se de um caminho composto de três etapas fundamentais e sequenciadas: desconstruir, identificar e confirmar. Vejamos.

## 1. Desconstruir

Inicia-se o discernimento pela desconstrução dos conceitos que se têm a respeito dos estados de vida, conceitos estes geralmente adquiridos por socialização e, provavelmente, muito bem arraigados na mentalidade. Na maioria dos casos, essa etapa não é fácil, porque se trata de quebrar paradigmas aos quais as pessoas se agarram ou que, mesmo sendo esclarecidas conceitualmente, na prática continuam agindo com base em seus pressupostos.

É muito comum que as pessoas que iniciam esse tipo de discernimento estejam carregadas de condicionamentos, ou seja, hábitos mentais formados pela repetição e pela recompensa.[1] Normalmente, até os quinze anos de idade os indivíduos já desenvolveram tais hábitos. Por exemplo, se numa determinada cultura (ou até numa família) as mulheres são "criadas para casar" (e isso lhes é repetido desde a infância), um princípio é introspectado nelas, a saber: "se eu não me casar, não serei feliz, porque serei discriminada". Ou, dito doutro modo: "se eu me casar serei recompensada, todos me valorizarão". Uma mulher que adquiriu tal princípio está fatalmente condicionada. Ora, como proceder a um discernimento livremente, se foi estabelecida uma assimetria mental entre os dois estados de vida?

Justamente por serem introspectados, é que muitas pessoas têm imensas dificuldades de abrir mão de princípios iguais a

---

[1] Cf. EMMIR NOGUEIRA. *O caminho de discernimento do estado de vida*. Palestra em DVD. Fortaleza: Shalom, s/d.

esse. Em alguns casos, não se consegue fazê-lo sem um longo percurso de saturação, regado com muita oração e ascese. Afinal, "desde a época de João Batista até o presente, o Reino dos Céus é arrebatado à força e são os violentos que o conquistam" (Mt 11,12). Ausente um constante e fecundo relacionamento com Deus, mediante o qual os valores do Evangelho vão renovando a mentalidade, emancipar-se de condicionalismos culturais é quase impossível.

As Escrituras alertam: "Não vos conformeis com este mundo, mas transformai-vos, *renovando a vossa mente*, a fim de poderdes *discernir* qual é a vontade de Deus, o que é bom, agradável e perfeito" (Rm 12, 2 – grifos meus). A Bíblia considera a renovação da mentalidade como algo imprescindível para se *discernir* adequadamente. Com efeito, toda pessoa condicionada (pela mentalidade velha) não tem a visão da realidade como ela é. Portanto, tem dificuldades para compreender e não é livre para escolher, pois sua criticidade diante dos objetos encontra-se significativamente diminuída.

Outro exemplo de condicionamento é quando a pessoa adquire uma concepção fantasiosa e romantizada a respeito do casamento, buscando-o como "um sonho" e não como uma vocação ou um serviço. Este seria um condicionamento do tipo "psicológico" mais do que cultural. "Também quanto a este aspecto romantizado, idealizado do casamento, é necessário fazer um caminho de libertação, a fim de que tais pressões – impressas em nós como valores – não nos influenciem em nosso [discernimento de] estado de vida".[2]

Em alguns contextos, é o celibato que assume essa conotação de "sonho", a partir de um ideal de pureza angelical. A vida célibe confere *status* religioso, podendo motivar algumas pessoas consagradas a buscá-la por causa do prestígio que ela lhes outorga na comunidade cristã. Ou, ainda, o compromisso de celibato pode servir de álibi para quem quer ocultar feridas afetivas e desejos sexuais negados.

---

[2] EMMIR NOGUEIRA & SILVIA LEMOS. *Tecendo o fio de ouro*, p. 441.

Existem condicionamentos de outras categorias,[3] conforme o critério utilizado para qualificá-los. Aqueles do tipo "modernos" são bem presentes nos homens e mulheres de hoje. Um deles é a preferência por opções abertas e a consequente dificuldade de assumir compromissos duradouros.[4] Esse condicionamento leva as pessoas a terem medo de iniciar ou, quando iniciam, têm dificuldades de concluir o discernimento, geralmente requisitando uma certeza absoluta.

Ideias feministas que imprimem nas mulheres (ou nos homens, estou pasmo!) certa ojeriza pela maternidade ou pela condição de "dona de casa" também obscurecem a visão a respeito do estado de vida.

Alguns preconceitos influenciam igualmente. Como estes: a) "Fulano gosta de criança, está na cara que é chamado a ser pai"; b) "Esse menino já parece um padre, vejam como ele se veste". Num contexto de discernimento, não se pode supervalorizar esses sinais. No mínimo, é preciso questionar as aparências. Algumas posturas comportamentais refletem, antes, traumas não superados do que firmeza de vontade, como seria o caso da jovem que afirma veementemente não querer saber de casamento, no fundo, por causa das experiências negativas de namoro que teve. Afirmações como "Deus me livre de ter um homem na minha cola" podem refletir mais egoísmo do que atração pelo celibato.

Emmir Nogueira e Silvia Lemos usam uma metáfora para explicar a necessidade de desconstruir (pré) conceitos. Segundo

---

[3] Por exemplo: religiosos, morais ou até físicos.

[4] Segundo Amedeo Cencini, o ser humano do terceiro milênio – paradoxalmente – tem medo da liberdade que tanto afirma querer, pois a liberdade aumenta o leque das opções, e escolher nem sempre é agradável. É por isso que criamos um mundo no qual as opções são revogáveis: eu te engravido, mas podes abortar; eu te desposo, mas podemos divorciar-nos; prometo a Deus essa coisa, mas, se indo adiante me custar demais, desistirei dela; faço essa opção vocacional, mas, se em determinado momento não me atrair mais, mudarei (cf. CENCINI, Amedeo. *A hora de Deus*: a crise na vida cristã. São Paulo: Paulinas, 2011, p. 93). O pior é quando se justifica essas desistências afirmando que elas foram feitas "por amor" e "porque Deus me quer feliz e eu não estava feliz".

essas autoras, o estado de vida é um tesouro. Antes de buscá-lo propriamente, a primeira coisa a fazer é "limpar o campo", sem o que a escavação seria aleatória e a desordem traria perda de tempo e, por fim, a frustração de não saber como encontrar esse tesouro. Concretamente, seria necessário fazer perguntas partindo do *locus* cultural em que a pessoa se encontra inserida e, mais especificamente, em que aspectos essa cultura influenciou a sua visão a respeito do matrimônio e do celibato.[5] Perguntas como estas:

a) No ambiente em que vivi, valorizava-se todos os estados de vida ou apenas um deles?
b) Qual a postura de minha família com relação ao estado de vida?
c) O que aprendi na escola a respeito disso?
d) Em minha história, tive contato com pessoas dos vários estados de vida?
e) Que testemunho eles deram e que consequências intrapsíquicas tenho hoje, por causa desses modelos?
f) Que expectativas as pessoas têm em relação a mim nessa matéria?
g) Algum princípio inconsciente me leva a querer corresponder a essas expectativas?

Como está evidente, a reflexão visava a descobrir os condicionalismos que podem prejudicar, pelo grau de escravidão que conferem, o discernimento a respeito do estado de vida. O fim último é emancipar-se dessas prisões, adquirindo em seu lugar valores e concepções evangélicas. Via de regra, os conceitos trazidos por pessoas que se candidatam à consagração nas novas comunidades católicas precisam ser purificados. E, nesse particular, nada mais eficiente do que a leitura e escuta atenta à Palavra de Deus, cujo poder purificador se faz sentir na mentalidade daqueles que a obedecem (cf. Jo 15,3).

---

[5] Cf. EMMIR NOGUEIRA & SILVIA LEMOS. *Tecendo o fio de ouro*, passim.

## 2. Identificar

Obviamente, não há congruência entre destruir conceitos sem que se construam outros em seu lugar. Assim, o segundo passo é reconstruir os conceitos. Isso se faz pela aquisição de outro "conhecimento", tanto intelectivo quanto cultural (quiçá, espiritual), a respeito dos estados de vida e de suas motivações mais autênticas. No fim das contas, trata-se de averiguar mais profundamente o significado tanto da vida matrimonial quanto do estado celibatário. Isso seria a coisa mais fundamental a se fazer para *identificar* o estado de vida para o qual a pessoa se sente motivada, reconhecendo nele a "vontade histórica" de Deus.

O sistema formativo de uma comunidade tem papel importante nesse processo de reconstrução. Ele deve oferecer oportunidades para que as pessoas adquiram esse novo conhecimento, mediante leituras, cursos, colóquios, reflexões, orações etc. Além disso, o ambiente comunitário deve valorizar tanto o casamento quanto o celibato, permitindo o envolvimento pessoal de todos na construção de uma nova "cultura", ou seja, uma mentalidade geral que considera a importância e promove a igual dignidade dos estados de vida.

Esse novo conhecimento deve ser buscado nas Sagradas Escrituras, na Tradição e no Magistério da Igreja, mas também, de modo específico, no carisma próprio de cada comunidade. Sendo o carisma um norteador tanto dos comportamentos quanto da própria identidade dos indivíduos a ele consagrados, há um "jeito de ser" casado ou celibatário em acordo com este mesmo carisma.

A reconstrução dos conceitos será tanto mais eficaz quanto menos for feita "sobre os escombros" da mentalidade velha, para não acontecer que o novo conhecimento resulte de um misto de premissas, o que no fim das contas seria um conceito supostamente evangélico, porém conspurcado de noções mundanas.[6]

---

[6] Como seria o caso da jovem que, após esclarecida, quer viver a vocação matrimonial como um serviço, porém somente se for com um homem do tipo que ela idealizou.

Isso não significa que a quebra de paradigmas e a aquisição de novos conceitos não possam ser feitas concomitantemente. Apenas se deve tomar cuidado para que a pessoa não construa uma síntese própria, mantendo tendências, concepções e paixões extraídas de sua mentalidade antiga e não purificada.

Substancialmente, os estados de vida são o que são, embora devamos reconhecer que cada pessoa o vive de um modo específico. Portanto, há um substrato único a ser adquirido por todos, tanto sobre o casamento quanto sobre o celibato. Isso induz a pensar que mesmo aquele que esteja fazendo discernimento em vista do celibato deve adquirir uma visão evangélica acerca do casamento e vice-versa. Bom mesmo seria que tais conceitos fossem destruídos e reconstruídos durante o período de formação inicial, antes mesmo de iniciar o processo.

A meu ver, os conceitos são fundamentais. É sobre eles que se deve construir um discernimento. Assim, desfeitos os mitos e instrospectada a verdade, inicia-se a identificação propriamente dita que, conforme já defendemos aqui, deve ter por objeto um único estado de vida: o celibato ou o "casamento com" (se a pessoa estiver namorando). O caminho deve ser feito em oração, com a ajuda de um formador ou diretor espiritual mais experiente.

Como critérios de discernimento, penso ser razoável considerar:

### a) Aquilo que o relacionamento livre e aberto com Deus sinaliza

Durante todo o tempo de discernimento, a pessoa deve se relacionar com Deus aberta e livremente, sem pressões, medos ou fechamentos. Uma pessoa de coração fechado ao Senhor dificultaria substancialmente o processo, assim como o (estranho!) receio de que Deus lhe fale aquilo que não quer ouvir. "Estranho", porque, conforme já ponderamos, é uma contradição que um consagrado não queira para si aquilo que Deus lhe aponta.

O relacionamento com Deus – prioritariamente por meio da oração, mas não só – tende a ser revelador, ou seja, Deus mesmo se encarrega de "colocar setas" no caminho. A pessoa, então, será iluminada quanto à identificação ou não com o celibato e, no caso de um discernimento matrimonial, compreenderá mais amplamente o significado desta vocação e as reais chances de vivê-la com aquela pessoa em particular.

Conforme também já advertimos, não se trata simplesmente de escutar Deus. Deve-se ter cautela na hora de considerar "as palavras" de ciência ou de profecia supostamente vindas do Senhor. É necessário que elas sejam inseridas no contexto amplo do discernimento e não podem ser tomadas como critérios únicos ou absolutos.

As vias pelas quais a pessoa pode ser iluminada são múltiplas e heterogêneas. Emmir Nogueira e Silvia Lemos afirmam que:

> Deus tem uma pedagogia para cada pessoa. A uns Ele fala mais frequentemente, por meio de livros, a outros, da natureza. A alguns fala por meio dos acontecimentos, a outros, por meio de pessoas. Com uns, lança mão da música, da poesia, da arte. Com outros, prefere utilizar os sonhos, o silêncio, a escrita, a pregação.[7]

### b) A inclinação pessoal e a liberdade de escolha

A meu ver, para que uma pessoa assuma um estado de vida é necessário que este exerça sobre ela um mínimo de atrativo interior. Seria uma espécie de inclinação pessoal, sem o que a opção se tornaria pesada e tensa. Não se abraça um estado de vida "como ovelha muda ao matadouro". Uma pessoa não deveria ser celibatária ou casar-se se não consegue, em nenhuma medida, encantar-se com a vivência desses estados ou se sente qualquer um dos dois como uma imposição vinda de fora.

---

[7] *Tecendo o fio de ouro*, p. 452.

Além disso, o estado de vida é uma matéria em que a Igreja preserva muito a liberdade pessoal. Ninguém pode ser constrangido a assumir o casamento ou o celibato. Por isso, conforme anteriormente dito, a vontade de Deus quanto a este particular deve ser entendida como "histórica". Tal historicidade se configura a partir do momento em que a pessoa também escolhe viver determinado estado de vida.

A vontade divina será esclarecida na realidade específica da pessoa, inclusa sua liberdade de escolha. Reiterando: na definição do estado de vida, o "sim" a Deus (e à outra pessoa, se for casamento) deve ser livre e consciente, sem nenhum medo de que a escolha implique não fazer a vontade de Deus e ser infeliz, pois esta vontade só se configura plenamente mediante a adesão da pessoa, conquanto tenha sido sinalizada independentemente disso.

### c) As circunstâncias objetivas

Há circunstâncias objetivas que precisam ser consideradas num discernimento a respeito do estado de vida. A primeira delas é *a capacidade de o indivíduo* assumir os compromissos inerentes ao que pleiteia. Muitas pessoas acham lindo o celibato, mas não estão em condições de renunciar a vida sexual. Outras querem muito se casar, mas algumas circunstâncias da vida afetiva não permitem que assumam adequadamente os encargos da vida conjugal. Esses dois casos são apenas exemplos de um universo de circunstâncias que podem inviabilizar este ou aquele compromisso.

Existem casos em que a pessoa se vê impossibilitada de assumir um estado de vida e, nesses casos, não creio que se tornaria alguém "incompleto", conforme já argumentei. Em minha opinião, uma pessoa que se sinta identificada para viver determinado estado de vida, mas não possa efetivá-lo por razões objetivas e não imputáveis, não pode ser "condenada" à incompletude, mas chamada a redescobrir a sua vocação na realidade histórica, no relacionamento com Deus.[8]

---

[8] Esse princípio se aplicaria, inclusive, para a vocação em sentido lato. A meu ver, uma pessoa ficará impossibilitada de se realizar plenamente se deixar de viver a sua vocação por motivo superável (medo, seguranças humanas etc.), pois isso geraria uma

Não é dispensável recordar que "objetivas" aqui não é a mesma coisa que "externas". Frequentemente, condições em princípio qualificadas de interiores (como, por exemplo, o desequilíbrio e a instabilidade emocional) são bem objetivas. Algumas delas só são identificadas no decorrer do processo de discernimento, posto que não estão facilmente evidenciadas. Entrementes, ignorar tais circunstâncias esperando "milagres" ou "que a graça supra" é, no mínimo, uma atitude ingênua, quiçá perigosa e irresponsável.

Na hora de considerar as circunstâncias objetivas, o indivíduo e sua situação não são as únicas referências. Existem também as *necessidades da comunidade*, que não podem ser ignoradas. Mormente, esse elemento se aplica ao discernimento em vista do celibato. Conquanto o celibatário não seja alguém que simplesmente quer "ficar mais livre para servir", as exigências apostólicas podem e devem interpelar a pessoa a dar uma resposta concreta nesse sentido, optando por permanecer solteira e estar mais disponível.

Seria esquisito que consagrados das novas comunidades, cuja vocação evangelizadora está inscrita na própria origem, fechassem os olhos para as realidades missionárias ou as considerassem como elemento secundário num processo de discernimento a respeito de algo que, queiramos ou não, tem repercussões muito práticas no modo como se responde a essa mesma realidade. Se uma comunidade está precisando de missionários para terras distantes, por exemplo, é lícito que os consagrados enxerguem essa necessidade e, igualmente, notem a vida celibatária como mais adequada a ela. Às vezes, demandas apostólicas concretas são sinais iluminadores, constituindo-se um modo por meio do qual Deus fala à pessoa.

Não há como negar que, em termos apostólicos, uma pessoa casada é muito menos versátil do que uma solteira. Em vista do

---

*frustração existencial*. Mas ainda nesses casos, entendo que, se a pessoa arrepender-se sinceramente e, no momento do arrependimento, já não tiver mais como voltar atrás para viver o seu chamado, ela poderá conceber uma nova vocação a partir da "vontade histórica" de Deus.

bem dos filhos, não se pode, por exemplo, transferir indiscriminadamente de cidade um casal, encarregá-lo de trabalhos em ambientes que ofereçam riscos à educação das crianças, ou requisitar dele o tempo que seria da família. Indubitavelmente, o celibato possibilita maior flexibilidade em responder às requisições missionárias. Conforme adverte João Paulo II, o celibato não é apenas sinal especial do Reino de Deus que deve vir, mas "*serve* também para dedicar de modo exclusivo todas as energias da alma e do corpo, durante a vida temporal, ao reino escatológico".[9]

Viver como consagrado e, ao mesmo tempo, casado não tem se demonstrado uma tarefa fácil. O matrimônio e a consagração numa comunidade são, por assim dizer, duas vocações que não se opõem *a priori*, mas que podem, por razões históricas ou circunstanciais, serem confrontadas. Na maioria dos casos em que se gera essa incompatibilidade, o matrimônio tem o primado. Quem quiser casar numa comunidade deve estar ciente disso.

A pessoa que escolhe casar-se também deve estar ciente de todas as obrigações familiares que, num dado momento, podem se chocar com os anseios pessoais, mesmo evangélicos ou institucionais. No caso da mulher, é preciso que seja claramente reconhecido, tanto por ela mesma quanto pela comunidade, que sua função materna pode assumir primazia em confronto com as outras tarefas públicas, atividades apostólicas ou profissionais.[10]

Quando qualifiquei, com base no Magistério da Igreja, o matrimônio como "vocação ordinária", não disse com isso que, nas comunidades de vida e de aliança, o celibato deva ser algo raro. É verdade que, no universo dos batizados, o casamento é a opção da maioria dos cristãos. Todavia, o contexto das novas comunidades católicas se diferencia devido à proximidade destas com a vida consagrada. A meu ver, nas novas comunidades o celibato não seria uma exceção e sim algo muito ocorrente, quiçá maioria, tendendo a ser *o casamento*, pelo contrário, algo mais próximo do "extraordinário".

---

[9] JOÃO PAULO II. *Mulieris Dignitatem*, n. 20 (grifo meu). O grifo quer destacar o caráter, por assim dizer, pragmático do celibato.
[10] Cf. *Idem. Familiaris consortio*, n. 23.

No processo de identificação, os três critérios aqui enunciados devem aparecer sempre em harmonia, constituindo-se a distorção ou desconsideração de algum deles como o sinalizador de que algo não está caminhando corretamente e, portanto, não há condições para "fechar" o discernimento.

### 3. Confirmar

Quando o caminho de discernimento aponta para a definição do estado de vida, pode-se requerer uma espécie de confirmação, ou seja, o respaldo das pessoas que participam do processo direta ou indiretamente. Esta seria a terceira etapa do método que estou propondo. Conquanto as outras pessoas não exerçam ingerência na decisão do sujeito que está discernindo, elas podem fornecer importantes sinalizadores que ajudarão o indivíduo a "bater o martelo". Grosso modo, essa confirmação é feita pela comunidade na qual a pessoa está inserida, em dois níveis, a saber: as autoridades e o conjunto dos seus membros.

Os responsáveis pela comunidade e, mais especificamente, pela caminhada de consagração da pessoa que discerne o estado de vida contribuem com o seu olhar pastoral para a referida definição. Inicialmente, o formador ou o diretor espiritual que acompanha o processo têm essa função. Oportunamente, o governo da instituição dá o seu referendo, quando o consagrado em questão solicita formalmente a profissão do compromisso de celibato ou a realização do seu casamento.

Nesse particular, é preciso esclarecer que a autorização de um casamento por parte do governo de uma comunidade não significa que este exerça ingerência sobre a livre escolha dos consortes, ou que esteja confirmando sua escolha com uma espécie de: "certo: é com este (ou esta) que você deve se casar". É algo, sim, que diz respeito às condições concretas existentes ou não para que ocorra um casamento *na comunidade*, uma vez que isso implica mudanças estruturais e apostólicas, talvez até de outra natureza.

A função do governo de uma comunidade é zelar pelo bem do conjunto de seus membros e, assim sendo, considero legítimo o direito que ele tem de recusar que se realize um matrimônio *dentro da instituição*, desde que existam razões que justifiquem tal negativa. Essa prerrogativa de governo se aplica também à definição do celibato.[11] A lógica seria mais ou menos a que Moysés Azevedo, fundador da Comunidade Shalom, utiliza numa de suas colocações. Ele afirma (a linguagem é coloquial):

> Vamos usar o exemplo do sacerdote. Um menino está caminhando no seminário, ele acredita ter a vocação para o sacerdócio, e a Comunidade chega ao discernimento que não confirma. Bem, ele tem a liberdade de ser padre, mas a Comunidade também tem a liberdade de dizer: "Tudo bem se você quer ser padre, você pode ser padre em outro lugar, mas aqui nós não confirmamos". (...) O mesmo princípio se aplica ao matrimônio, só que (...) no matrimônio são duas pessoas que se escolhem livremente. Se a Comunidade, ao longo do processo, vir riscos naquela escolha, ela pode ir trabalhando com o casal. (...) Então, a Comunidade pode dizer que respeita a liberdade das pessoas e que acolhe com elas o sacramento do matrimônio (...). Mas se a Comunidade vir naquele caminho alguns desafios importantes (...), se ela vir que aquilo será um prejuízo para a vida das pessoas, da Comunidade e da Igreja, é um dever de consciência (...) para com o casal (...) dizer: "Você é livre, você pode se casar, mas é melhor você fazer isso fora da comunidade".[12]

Além das autoridades, os membros de uma comunidade, mesmo que não assumam funções de liderança e governo, participam do discernimento e o confirmam ou não, mediante uma

---

[11] Os argumentos em favor dessa prerrogativa me induzem a pensar que uma confirmação formal de governo é necessária apenas nas comunidades *de vida*.
[12] *Apud* EMMIR NOGUEIRA. *Belo é o amor humano*, p. 222-223.

avaliação intuitiva e espontânea, porém não menos importante do que se fosse racional e metódica. Atentamente, tanto a pessoa quanto as autoridades devem colher esses pareceres e usá--los em favor de sua compreensão espiritual.

A "colheita" é feita por meio dos próprios instrumentos formativos e de governo: atendimento pessoal, partilhas, reuniões, conversas informais, entre outras. Com o máximo de discrição possível, observa-se qual o parecer do "senso comum" a respeito daquele casal de namorados ou de alguém que assumiu compromisso temporário de celibato. Pessoas inteligentes escutam e acolhem essas impressões em espírito de humildade, examinando tudo e questionando-se a respeito daquilo que dizem de si nessa matéria. Contudo, é necessário tomar cuidado com os ditos ou opiniões de pessoas preconceituosas ou imaturas.

Por fim, convém observar os frutos do namoro ou do celibato. Se o celibato temporário de alguém se traduz em benefícios para a comunidade, isso é um bom sinal. Igualmente, se um casal de namorados edifica a todos, revelando alegria, complementariedade e contribuindo para a sadia vida fraterna, isso deixa a comunidade mais segura quanto a possível realização de um casamento. Amiúde, o fruto mais negativo é o isolamento em torno de si mesmo (no caso do celibatário) ou do casal (quando se trata de namoro).

# IV
# O acompanhamento em vista do discernimento de estado de vida

## 1. O papel do acompanhador

É bastante conveniente que alguém em processo de discernimento de estado de vida seja acompanhado por outra pessoa mais experiente, geralmente um formador pessoal ou comunitário. Nas novas comunidades católicas, esse acompanhamento chega a ser um imperativo, quem sabe normatizado pelo direito próprio.

Além de ser uma pessoa experiente na vida espiritual, o acompanhador deve ser alguém respaldado pela comunidade, ou seja, investido (ou pelo menos referendado) de tal função pelo governo institucional. Preferencialmente, alguém que já tenha o estado de vida definido. Seu papel não é o de decidir pela pessoa, mas o de ajudar no processo de discernimento, colaborando para que seja feita uma leitura correta dos sinais e dos acontecimentos, assim como para a ampliação dos critérios e apreensão das evidências. Conquanto não seja responsabilidade do acompanhador definir o estado de vida da pessoa, apesar disso, ele pode e deve chamar a atenção dela quando as premissas fundamentais não estiverem sendo levadas em conta ou apenas parcialmente observadas.

No acompanhamento em vista do discernimento do estado de vida, é muito oportuno o uso da oração e dos dons de revelação (ciência, profecia, interpretação). Porém, as palavras obtidas devem ser inseridas no contexto geral do discernimento, considerados os outros elementos. Talvez elas possam ser usadas para provocar a pessoa à reflexão, mas nunca como um definidor, jamais tomadas de forma isolada ou como critério único.

Conforme adverte Emmir Nogueira e Silvia Lemos: "O chamamento de Deus não é um evento pontual. Ainda que haja um evento desse tipo, este não será mais que o ponto ápice do que foi revelado ao longo da história de cada um".[1]

O papel do acompanhador, portanto, é ajudar a interpretar os sinais, questionando a coerência ou não das percepções da pessoa. Não custa nada recordar que, se optar por seguir as orientações aqui contidas, o acompanhador deve conhecer e ter em mente todos os princípios já enunciados e, se for o caso, seguir as etapas propostas no método sugerido.

## 2. Os procedimentos

O acompanhamento ocorre principalmente por meio de *atendimentos pessoais periódicos*. Nestes, fazem-se necessárias a abertura sincera da pessoa e a disposição para seguir com fidelidade as orientações do acompanhador, ainda que estas sejam desafiadoras. O atendimento regular é o principal instrumento para que o acompanhador "fique a par" da caminhada da pessoa, verificando, entre outras coisas, se ela:

a) já organizou as outras dimensões mais fundamentais da identidade;
b) já desconstruiu conceitos e superou os condicionamentos;
c) já compreende bem o significado dos estados de vida;
d) demonstra-se identificada com o estado de vida que pleiteia;
e) tem condições objetivas e subjetivas de responder às exigências do mesmo estado de vida;
f) está interpretando adequadamente os sinais de Deus em sua vida.

---

[1] EMMIR NOGUEIRA & SILVIA LEMOS. *Tecendo o fio de ouro*, p. 452.

Caso opte pelo método aqui indicado, o acompanhador deve seguir as suas etapas, iniciando com exercícios de autoconhecimento e desconstrução de conceitos. Em seguida, deve recomendar instrumentos para que a pessoa compreenda bem os estados de vida à luz da Bíblia, do Magistério da Igreja e do carisma de sua comunidade em particular. O acompanhador também pode indicar livros, ensinos ou cursos a respeito do matrimônio ou do celibato.

Um recurso interessante é solicitar que a pessoa escreva a sua história pessoal, procurando enxergar os "sinais" que Deus colocou em sua vida, notadamente aqueles que apontam para uma definição na matéria. Nesta empreitada, particular atenção se dê à dimensão afetiva, visando a eximir-se dos condicionamentos que possam influenciar negativamente no discernimento.

Outras orientações:

a) O acompanhador deve ajudar a pessoa a ler o contexto apostólico da instituição, ou seja, as necessidades objetivas da comunidade que interpelam a abraçar este ou aquele estado de vida;
b) No processo de identificação, se houver ojeriza (ou encantamento demais) com determinado estado de vida, o discernimento em vista dele pode estar seriamente comprometido, algumas vezes sendo aconselhável interromper o referido processo;
c) É dever do acompanhador informar o governo da comunidade a respeito do início e do fim do processo de discernimento, obviamente, sem expor matérias do foro íntimo;
d) O acompanhador pode também se informar a respeito das impressões que o governo e a comunidade têm da pessoa em discernimento, especialmente na época do celibato temporário ou do namoro.

Adverte-se, enfim, que todos os procedimentos sejam feitos com o máximo de discrição possível tanto da parte do acompanhador quanto do acompanhado, que evitará comentários desnecessários, especialmente com pessoas que nada têm a ver com a vida da comunidade.

### 3. Perguntas

Enumeramos, abaixo, algumas questões que sempre surgem quando tratamos do assunto em pauta.

*a) E se, durante o processo de discernimento para o celibato, a pessoa se apaixonar por alguém?*

Se uma pessoa, que está em discernimento de estado de vida em vista do celibato, apaixonar-se por outra (ou outra se apaixonar por ela), em princípio, isso não significa nada e não tem nenhuma relevância no processo. Jamais isso deve ser tomado como um "sinal de Deus", como às vezes se interpreta. Vale ressaltar que qualquer pessoa pode se apaixonar, mesmo já tendo o seu estado de vida definido.

Durante o discernimento, o apaixonamento deve ser encarado como algo circunstancial, conforme advertem Emmir Nogueira e Silvia Lemos:

> Se nos apaixonarmos por uma pessoa durante este período de discernimento, que isso seja encarado como algo normal em qualquer momento da vida de qualquer pessoa em qualquer estado de vida. O apaixonamento não decide o estado de vida. O estado de vida é parte de nossa identidade, [enquanto que] o apaixonamento, de nossa afetividade.[2]

---

[2] Emmir Nogueira & Silvia Lemos. *Tecendo o fio de ouro*, p. 439.

Por outro lado, não se pode encaminhar alguém para o casamento, ignorando os seus sentimentos pela pessoa em foco ou por outrem. Por exemplo: seria estranho desconsiderar completamente que aquele que se encontra em processo de discernimento esteja apaixonado por outra pessoa que não o seu/sua namorado/a. Igualmente esquisito seria discernir casar-se com alguém sem o mínimo de sentimentos afetivos por esse indivíduo.

*b) E se a pessoa gosta de crianças, sonha ser mãe/pai ou se diz identificada com a condição de pai/mãe de família?*

Esse também é um elemento que não tem muito peso no processo. O fato puro e simples de a pessoa gostar de crianças ou sentir-se atraída pela condição de "pai de família" ou "mãe de família" não é um critério significativo. Via de regra, todo ser humano é propenso a essas coisas, a não ser que sofra consequências de experiências traumáticas nos relacionamentos.

No caso da ausência dessas propensões, convém investigar se isso não está relacionado com traumatismos psicológicos que levaram a pessoa a se fechar ao casamento e a pensar que seu estado de vida deve ser o celibato. Por outro lado, uma insistência nesses aspectos por parte da pessoa pode demonstrar condicionamentos e falta de liberdade. O acompanhador deve desqualificar o suposto determinismo desses aspectos.

*c) Existe um tempo determinado para se chegar à conclusão a respeito do estado de vida?*

Não. Contudo, não se pode passar a vida toda "discernindo". Dificilmente se chegará a cem por cento de certeza. Toda decisão implica certo nível de risco. Neste particular, os Padres do Deserto tinham uma máxima importante: "Toma a decisão baseado nos elementos que hoje tens à mão e sem dúvida amanhã terás algum detalhe a mais para tomar uma decisão ainda melhor".[3]

---

[3] *Apud* AMEDEO CENCINI. *A hora de Deus*, p. 66.

d) *E se a pessoa errar o discernimento?*

Em primeiro lugar, não é tão fácil dizer que uma pessoa *errou* o discernimento acerca do estado de vida. Em que situação poder-se-ia afirmar isso? Quando o casamento não deu certo? Quando a pessoa não foi fiel ao celibato que professou? Essas coisas, por si só, não são suficientes para concluir que houve engano. Que elementos utilizaríamos para definir um equívoco nessa matéria? Não ousaria enumerá-los.

Todavia, é possível que alguém escolha mal o estado de vida, por engano ou precipitação, no sentido de que não elegeu a melhor alternativa quando se confrontou com sua realidade pessoal e vocacional. Nesses casos, não se pode afirmar, sem grande risco, que essas pessoas nunca serão felizes plenamente. Embora o estado de vida tenha influência na realização do eu, desconheço qualquer coisa na Bíblia, no Magistério da Igreja ou na experiência prática que respalde essa visão.

Um erro nem sempre é imputável, visto que a pessoa pode considerar que está fazendo a melhor escolha sem, no entanto, realmente estar. Deus não condenaria uma pessoa honesta em suas intenções a uma infelicidade permanente por causa de um erro. Julgo que se alguém chega à conclusão de que escolheu errado o seu estado de vida deve buscar, na relação com o Senhor e sempre tendo em vista a sua consagração, uma "reconfiguração histórica" de sua vocação nesse aspecto, assumindo subjetivamente a condição identitária que tem objetivamente.

Quando o erro pode ser imputado à pessoa, ou seja, quando se conclui que ela se recusou voluntariamente a enxergar certos aspectos que poderiam indicar outro caminho, creio que, ainda assim, conquanto com maiores consequências, pode se chegar à referida reconfiguração, caso não seja possível "voltar atrás", ou seja, se a pessoa já estiver casada ou tenha professado o celibato em caráter definitivo.

*e) Há também a necessidade de discernir o namoro?*

Para qualquer coisa da vida pode caber um discernimento, embora este possa se revestir de maior ou de menor importância. É importante esclarecer que um discernimento de namoro não tem *status* de coisa fundamental e decisiva, uma vez que o namoro é uma experiência de conhecimento mútuo e pode acabar, na maioria dos casos, sem prejuízos significativos.

Nesse particular, é preciso precaver-se contra as concepções extremistas. Observo que algumas comunidades são tão rigorosas para autorizar um namoro, que parece estar em jogo a definição de vida da pessoa. Ora, o namoro é apenas um componente do discernimento em vista do casamento. Além disso, é próprio dos jovens querer viver esse tipo de experiência.

Não estou convencido a respeito da necessidade de se "fazer caminho" longo e cheio de etapas comprobatórias. Se não há impedimentos objetivos e/ou subjetivos, o primado de discernimento deve ser das pessoas envolvidas e não das autoridades, embora estas tenham o dever de orientar. A despeito dos riscos que isso envolve, não teremos relacionamentos sadios e edificantes se não permitirmos que eles ocorram ou se lhes colocarmos obstáculos intransponíveis.

Obviamente, outro extremo seria deixar que, no interior da comunidade (especialmente das comunidades de vida), essas relações se estabeleçam à revelia das autoridades e motivadas por elementos "viciados" como os apaixonamentos, os impulsos da idade ou das carências e as buscas por seguranças. Definitivamente, na realidade das novas comunidades, namoro e casamento não são matérias em que as pessoas dispõem de autonomia radical. Não se pode permitir, sob pretexto de não interferir na liberdade das pessoas, que namoros e casamentos em uma comunidade estejam à margem dos compromissos de consagração.

Mais recentemente, algumas comunidades têm permitido que membros "de vida" namorem com membros "de aliança". Frequentemente, indagam-me a respeito da viabilidade dessa experiência. Ignoro as razões pelas quais as autoridades dessas comunidades estão seguindo esse caminho. Os resultados nos levarão a concluir com melhor exatidão a respeito da coerência dessa permissão. Em princípio, sou contra, pelas seguintes razões:

• todo namoro é em vista do conhecimento mútuo, na perspectiva de um casamento;

• via de regra, não é possível um casal viver um na comunidade de vida e outro na comunidade de aliança;

• a perspectiva é que o membro "de vida" migre para a aliança após o casamento, como tem acontecido;

• isso cria uma situação de instabilidade, pois os membros "de vida" que não são celibatários ou casados estariam, por sua própria condição de solteiros, suscetíveis de sair da comunidade a qualquer tempo, para casar-se ou preparar-se para tal.

f) *E o sacerdócio? É um terceiro estado de vida?*

Quanto ao tema de que estamos tratando, a questão do ministério ordenado é bem mais problemática. O que respondo a seguir são impressões pessoais que levam em conta, exclusivamente, como se situa o padre no contexto do discernimento de estado de vida, não tratam a respeito do presbiterado católico em si mesmo.

Penso que existem três possibilidades. A primeira seria *considerar o sacerdócio como um serviço confiado somente a celibatários*. Sob essa perspectiva, via de regra, seria necessário discernir primeiramente o estado de vida e, somente quando o indivíduo for reconhecido como celibatário, então poderia pleitear a ordenação. Procedendo-se assim, estar-se-ia mais em acordo com o Catecismo da Igreja Católica:

> Todos os ministros ordenados da Igreja latina, com exceção dos diáconos permanentes, normalmente são escolhidos entre os homens fiéis que vivem como celibatários e querem guardar o celibato "por causa do Reino dos Céus" (Mt 19,12).[4]

---
[4] N. 1579.

Isso ocorreria não só por causa da norma disciplinar da Igreja, mas também porque, do ponto de vista da identidade, não haveria como separar o sacerdócio da masculinidade e do celibato.[5] Essa visão está, ainda que implícita, no pensamento de Emmir Nogueira. Ela defende que, "antes de viver seu sacerdócio, o presbítero é chamado a já viver o estado de celibatário que abraça para sempre".[6] Christopher West entende que a afirmação do Catecismo anteriormente citada "implica, portanto, que a opção pelo celibato deve vir primeiro".[7]

Considerada essa primeira possibilidade, não ser celibatário seria um impedimento objetivo para o exercício do ministério ordenado. Além disso, o sacerdócio não seria de *per si* um estado de vida, a não ser em sentido jurídico.

A segunda possibilidade seria considerar o sacerdócio como um estado de vida em si mesmo, um terceiro estado de vida. Sob essa ótica, o discernimento seria feito em vista do próprio ministério ordenado, incluindo ou não o discernimento quanto à identificação do candidato com o celibato.

Se considerarmos o sacerdócio e o celibato como duas coisas diferentes e não intrinsecamente ligadas, poderia se requisitar apenas que o candidato a padre esteja disposto a viver a continência perfeita como disciplina. O ministro ordenado não seria necessariamente um celibatário, mas um "solteiro que cuida das coisas do Senhor", alguém que aceitou a vida solteira em vista de um serviço nobre. Na prática, é isso que ocorre no processo vocacional de muitos seminaristas diocesanos. Caso se considere o celibato como algo inerente ao ministério ordenado, o discernimento em vista deste incluiria também aquele.

A terceira possibilidade seria enxergar o ministério ordenado como um elemento da identidade ontológica e não histórica. Nesse caso, o discernimento em vista do sacerdócio não seria, em sentido estrito, um discernimento de estado de vida e sim um discernimento vocacional. Este tema exigiria maior aprofundamento.

---

[5] Cf. EMMIR NOGUEIRA & SILVIA LEMOS. *Tecendo o fio de ouro*, p. 431.
[6] *Belo é o amor humano*, p. 107.
[7] *Teologia do corpo para principiantes*, p. 81.

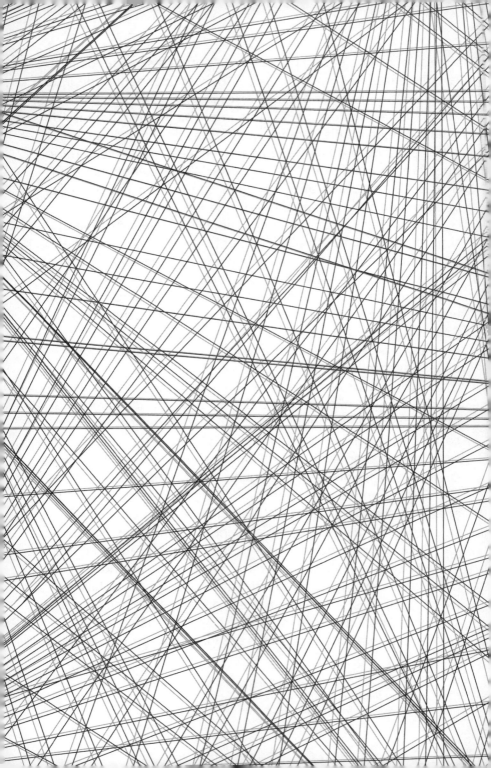

# Considerações Finais

O estado de vida é um "item" da identidade *histórica* do indivíduo, ou seja, um elemento construído e transitório, em contraposição àquilo que é dado e eterno, a saber: a identidade ontológica. A reflexão, por assim dizer, de vanguarda deste livro partiu dessa premissa. Foi ela que "induziu" ao estabelecimento dos princípios gerais e operacionais aqui expostos e explicados, notadamente aqueles que privilegiam a liberdade de escolha da pessoa e desaconselha a ingerência excessiva de outrem no discernimento.

A vontade de Deus a respeito do estado de vida – mesmo de alguém consagrado – é igualmente "histórica", ou seja, trata-se de um desígnio de Nosso Senhor concebido *na relação* concreta com a pessoa e nas circunstâncias objetivas que envolvem esta relação. O discernimento sem o uso desse princípio tem gerado não poucos dilemas e equívocos, sendo o principal deles a busca por uma predeterminação divina do estado de vida, uma espécie de desígnio estabelecido "desde toda eternidade" para o qual não há respaldo bíblico nem no Magistério da Igreja.

Concretamente, propus que o discernimento seja em vista de *apenas um* estado de vida, preferencialmente o celibato. E também que se leve em conta que o matrimônio é a vocação ordinária de todo ser humano, sendo o celibato um dom superior e extraordinário. Posto que ninguém se casa consigo mesmo, um discernimento que vise ao matrimônio não deveria existir na perspectiva da descoberta de uma vocação "em si", mas somente de um "casamento com", normalmente em situação de namoro.

Consciente de que tem inclinação natural ao matrimônio, a pessoa iniciaria o discernimento em vista do celibato. Ela seria acompanhada por outra pessoa, mais experiente na vida espiritual, alguém respaldado pela comunidade e que, preferencialmente, já tenha seu estado de vida definido. O papel desse acompanhador não é o de decidir pela pessoa, mas o de ajudar no processo, colaborando para que seja feita uma leitura correta de tudo o que acontecer enquanto este durar.

O método aqui sugerido segue três etapas sucessivas: desconstruir, identificar e confirmar. No processo de *identificação*, talvez a mais importante das três etapas, leva-se em conta: a) aquilo que o relacionamento livre e aberto com Deus sinaliza; b) a inclinação pessoal e a liberdade de escolha; c) as circunstâncias objetivas. No desfecho, caso conclua que não é chamada a ser celibatária, a pessoa consagrada conserva-se aberta a realizar a vocação original ao casamento, não o realizando somente por razões objetivas e não imputáveis.

O discernimento do estado de vida deve ser feito quando os elementos da identidade ontológica (filiação divina, sexualidade e carisma) estiverem minimamente maturados. Não há um tempo estabelecido para ser concluído. Todavia, uma demora excessiva pode refletir a incapacidade de tomar decisões definitivas e comprometedoras ou a pretensão de ter cem por cento de certeza, situação a que parece ser improvável chegar.

A necessária e oportuna definição do estado de vida é mais importante pelo fato de que ela plenifica a consagração, estendendo a doação ao nível do corpo e conferindo estabilidade à entrega de si. Também por causa disso, considero que, no caso dos consagrados, essa fixação não pode ser preterida ou demasiadamente adiada.

Por fim, devo ressaltar que os estados de vida são iguais em dignidade. Notadamente nas novas comunidades, essa igualdade assumiu grande clareza, não obstante os contextos pontuais em que conservadorismos ou mentalidades arcaicas obscurecem a paridade. O modo como se originaram – com amplo protagonismo de pessoas casadas – determinou a estrutura dessas comunidades na matéria, a saber: os estados de vida em sadia e igual convivência.

Esse fato não deixa de ter dimensões proféticas, recordando à Igreja que, "quando não se tem apreço pelo matrimônio, não tem lugar a virgindade consagrada; quando a sexualidade humana não é considerada um grande valor dado pelo Criador, perde significado a renúncia pelo Reino dos Céus".[1]

---

[1] JOÃO PAULO II. *Familiaris consortio*, n. 16.

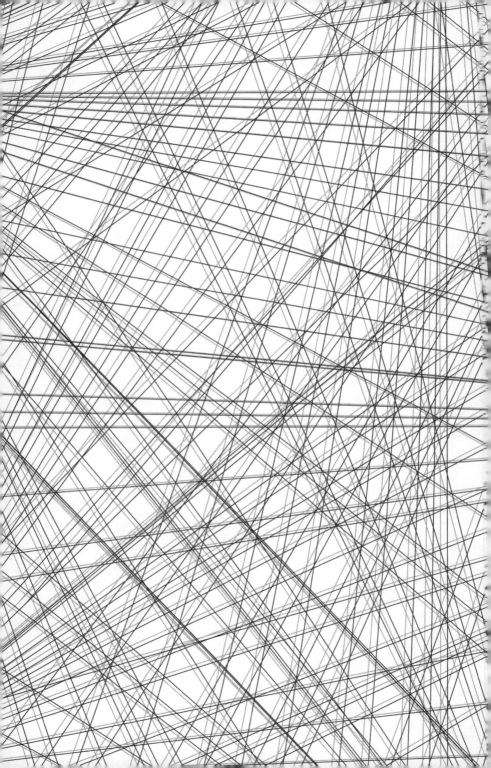

# Apêndice

ISTO É O MEU CORPO
*Sobre o significado evangélico da dimensão física da pessoa humana*

Grosso modo, existem três visões equivocadas a respeito do corpo da pessoa humana, visões estas que se exprimem nas falas e nas ações dos homens do nosso tempo, inclusive da maioria dos cristãos. Julgo importante enunciá-las brevemente aqui pelo fato de que de nada adianta construir um significado *evangélico* em cima de fundamentos conceituais *mundanos*, ou seja, sobre uma "mentalidade velha" (ou seus escombros) adquirida mediante socialização.

A primeira dessas visões é aquela que percebe *o corpo como a única (ou a principal) possibilidade de autoidentificação*. Isso ocorre quando o conceito que a pessoa tem de si mesma leva em conta única ou predominantemente a sua individualidade corpórea. O resultado é uma excessiva importância à condição física, fazendo com que o indivíduo preocupe-se exageradamente em manter sadio, forte, bonito e juvenil o próprio corpo.[1]

Hoje em dia, cresce muito esse tipo de percepção, como demonstra de um lado o aumento da procura por cirurgias plásticas, clínicas de estética, dietas e academias; e de outro o temor da doença e do desgaste físico. De onde decorre esse medo que as pessoas têm dos "males do corpo"? Em larga medida, da impressão de que a dimensão física é a única ou a principal coisa que define a pessoa. O modo como se vê o próprio corpo acaba por determinar, maiormente, o valor que o indivíduo atribui a si mesmo.

Uma visão mais correta compreende que a pessoa não é somente o seu corpo, evitando que a autoestima e a própria pessoalidade fique comprometida caso não se tenha o físico ideal (ou pelo menos desejável). Outrossim, mediante um olhar

---

[1] Cf. AMEDEO CENCINI. *Amarás o Senhor teu Deus*, p. 20-21.

adequado, o conceito de si torna-se mais abrangente, incluindo também características psicológicas e, sobretudo, aquela sua condição ontológica de pessoa amada e irrepetível, condição esta capaz de conferir estabilidade e serenidade na relação consigo mesmo (inclusive com o corpo) e com os outros.

A segunda visão equivocada à qual me refiro é aquela que enxerga o *corpo dissociado da pessoa*, tido, no fim das contas, como um objeto. Essa mentalidade está presente no modo como os indivíduos defendem (ou simplesmente aderem) as causas feministas contemporâneas. Vou citar apenas uma das mais conhecidas: "a mulher é dona do seu corpo", que é uma das frases mais fáceis de serem refutadas, dada a fragilidade de seu argumento filosófico de fundo.

Na experiência humana, ninguém tem a posse absoluta de nada, muito menos do seu corpo. Se assim o fosse, não poderíamos censurar o suicídio ou a automutilação. A frase ignora as repercussões na vida dos outros, daquilo que fazemos com a nossa própria vida. Talvez por isso vejamos crescer hoje em dia a quantidade de atitudes irresponsáveis, pois muita gente acaba acreditando que "a vida é minha" (de tanto ouvir uma argumentação a esse favor) e postando-se sem medir as consequências que os seus atos podem ter para outrem.

Ora, *o corpo é pessoa*. Ele não é algo que escapa ao indivíduo, mas é parte constitutiva dele. Se é verdade que o corpo não é a única possibilidade de autoidentificação, também é verdade que não se pode excluir a dimensão física do conceito que se tem de alguém ou de si mesmo. Isso porque a pessoa só é plena ao assumir sua corporeidade como algo que "é ela" e não que "lhe pertence". Qualquer "uso" indevido do corpo, mesmo no universo artístico, transforma-o num objeto.

Agora, a terceira percepção errônea: *o corpo como algo desordenado à santidade*. Conheço pessoas que prefeririam não ter corpo, porque o sentem como um empecilho aos seus valores cristãos. Acham que viveriam melhor sem os limites e as tendências de sua condição física. Esse tipo de pensamento reflete o entendimento de que o corpo e sua constituição não contribuem para uma vida santa.

Embora a semelhança do homem com Deus não seja física, pois Deus é espírito, o corpo do homem e da mulher é também imagem da divindade. Aqui entra um aspecto da Revelação Cristã (para além de uma compreensão humana, enfoque que dei até aqui): ao nos criar homem e mulher, Deus gravou a imagem dele em nossos corpos.[2] Isso se manifesta no fato de que a constituição física favorece a comunhão mútua, especialmente entre o masculino e o feminino. O corpo está, portanto, propenso à santidade e não contra ela.

O mistério do amor de Deus se encontra em nossos corpos e em seu apelo à união. Conquanto Deus não seja um ser sexuado, o seu amor é "eros".[3] Talvez, por isso, a "experiência de Deus" inclua também o corpo (pelas sensações, pelos gestos, pela dança etc.). As Sagradas Escrituras sinalizam essa compreensão, em diversos textos como este: "Ó Deus, tu és o meu Deus, eu te procuro. Minha alma está sedenta de ti, *minha carne te deseja*" (Sl 63,2 – grifo meu).

É a partir dessa reflexão que começa a nossa compreensão a respeito do significado evangélico da dimensão física da pessoa humana. Pelo exposto até aqui, já chegamos à conclusão de que o corpo não é única possibilidade de autodefinição, não é um objeto nem se opõe à santidade. Tudo isso é fundamental compreender. Mas há uma verdade sobre o corpo que é a coisa mais importante: *o corpo é para a doação*, é para estar em consonância com a vocação pessoal.

O corpo deve ser integrado ao estilo de vida de cada pessoa cristã, notadamente daquelas que são consagradas a Deus. Isso significa que, ao entregar-se ao Senhor, o indivíduo consagrado oferece também o próprio corpo e o dispõe ao desgaste por amor do Reino de Deus, não descartando a possibilidade de que esta entrega redunde em martírio. Com efeito, um consagrado busca a configuração a Cristo, e o corpo de Cristo foi *gasto* por amor.

---

[2] Cf. JOÃO PAULO II. *Teologia do corpo*, p. 135.
[3] Cf. BENTO XVI. *Deus caritas est,* n. 9.

O consagrado que não possui essa consciência dificilmente tem coragem para sofrer por amor a Deus e aos irmãos, especialmente se esse sofrimento for físico. Isso ocorre porque ele não tem a noção suficiente a respeito da abrangência de sua consagração. Pode ser uma pessoa extremamente responsável por seus compromissos e até mesmo fiel às suas promessas, porém, certamente, fugirá das ocasiões em que se exigir dela uma entrega corporal, pois não entende que a doação de si é uma doação verdadeiramente integral.

No contexto de uma consagração, *o corpo deve expressar a pobreza, a castidade e a obediência* professada. Entre outras coisas, o corpo exprime a pobreza por meio do jeito simples e despojado de se vestir; a castidade por meio do pudor, mas também dos gestos e das atitudes puras; a obediência pelo modo de se postar diante de Deus e das autoridades. Entretanto, essas posturas físicas devem ser expressões verdadeiras da pertença total do indivíduo a Deus e não um invólucro artificial adquirido apenas para a dimensão comportamental. Se a pessoa é consagrada, é isto que ela deve expressar: a verdade sobre o que ela é e não uma imagem falsa de si.

O corpo de um consagrado deve testemunhar a vida de Cristo, inclusive os seus sofrimentos. Além do clássico texto paulino: "Completo na minha carne o que falta às tribulações de Cristo" (Cl 1,24), existem outros, não menos contundentes, que referendam essa proposição. Como este: "Incessantemente e por toda parte trazemos em nosso corpo a agonia de Jesus, a fim de que a vida de Jesus seja também manifestada em nosso corpo" (2Cor 4,10). E ainda: "A minha expectativa e a esperança é de que em nada serei confundido, mas com toda a ousadia, agora como sempre, Cristo será engrandecido em meu corpo, pela vida ou pela morte" (Fl 2,20).

Todavia, a meu ver, não existe nenhuma passagem bíblica que expresse melhor o significado evangélico do corpo do que a afirmação de Jesus por ocasião da instituição da Eucaristia: "Isto é o meu corpo que é dado por vós; fazei isto em memória de mim" (Lc 22,19b). Nessa afirmação, Jesus é muito explícito quanto à percepção que tem a respeito de seu corpo, o modo como ele o sente: integrado à doação de si. Há uma grande necessidade de que as pessoas consagradas sintam o corpo igualmente sentia Jesus.

Visto assim, como integrado à doação, é como se o corpo não pertencesse à pessoa consagrada. "O corpo é para o Senhor", diz São Paulo em 1Cor 6,14. E mais: "Os vossos corpos são membros de Cristo" (1Cor 6,15). À luz dessa revelação, é fácil compreender que *o corpo é verdadeiro e belo quando existe na forma de dom*. Pode ser velho, não tão atraente, doente, cansado etc. Se for doado, é verdadeiro. Se não, é falso.[4]

É também nesse sentido – no contexto da doação de si – que o corpo é templo do Espírito (cf. 1Cor 6,19). A essa expressão, aliás, somos apegados, mas geralmente lhe damos um sentido meramente voltado à questão do pudor e abatemos o seu significado mais abrangente. Assim como reduzimos a afirmação de Jesus – "Isto é o meu corpo que é dado" – à dimensão sacramental, o que pode traduzir uma visão devocionista do sacramento da Eucaristia.

Quando contemplo a Eucaristia, eu me recordo dos fatos que envolveram a dramática paixão do Senhor. Faço memória de um homem que silenciou diante das acusações injustas (cf. Mt 27,11-14), foi desafiado em sua dignidade mediante o sofrimento físico (cf. Mt 27,39-44), mas que, recusando-se a sofrer inconscientemente (cf. Mc 15,23), permaneceu ali, intacto, tamanha era a sua compreensão a respeito do alcance de sua entrega. A paixão é o momento em que a doação de Cristo atinge a sua plenitude porque *ali Ele doa o corpo*. Sua consagração ao Pai torna-se, então, irrefutável.

O instante crucial é aquele em que lhe tiram as vestes (cf. Jo 19,23-24). Esse instante revela o nível de intimidade que Jesus quer ter com cada pessoa: algo semelhante a uma união esponsal. Nela, o que acontece é que Cristo se mostra como Ele é (ou como se fez), e a pessoa também se revela a Ele em sua nudez (como ela é).

---

[4] Cf. AMEDEO CENCINI. *Amarás o Senhor teu Deus*, p. 50-51.

Cristo se apresenta chagado, pobre, desprezado pelos homens. Muitos fogem dele quando o encontram assim, pois preferem um Deus triunfalista. Mas a alma esposa o aceita; e também é aceita por Ele em sua pusilanimidade. Tudo em perfeita segurança, uma vez que, para doar o corpo, precisamos nos sentir seguros, sem nenhuma vergonha do que somos. Na experiência esponsal, é o Esposo mesmo que enfeita a sua amada, deixando-a linda, para que não haja timidez ou acanhamento. Pois ninguém se envergonha da beleza. Não há vergonha quando existe beleza e doação, e as duas são uma coisa só.

Esposo e esposa se contemplam, enfim, um ao outro em sua beleza. Esse encontro nupcial se atualiza em cada comunhão eucarística. Depois que compreendi isso, tremo intimamente toda vez que comungo. Sinto um Deus que é todo inteiro meu e desejo ser todo dele. É o momento em que aceito a imagem de Jesus *em mim* (pois somos como que uma só carne).

Talvez não haja nenhum tipo de união a Cristo maior do que a comunhão eucarística, porque é a união *de corpos*. É a pertença mútua em sua modalidade cabal, como numa noite de núpcias. Daí por que não é suficiente adorar, é necessário comer (cf. Jo 6,52-55). Essa foi a forma escolhida por Jesus para se unir mais intensamente a nós, pois "quem come a minha carne e bebe o meu sangue permanece em mim e eu nele" (Jo 6,56).[5]

Vivida profundamente, a doação de si encontra na comunhão eucarística o seu memorial. Essa experiência tem profundas e práticas repercussões na restauração da pessoa. Foi assim que a Eucaristia me curou (e não de maneira mágica ou supersticiosa). Quando comungo, minhas feridas, minhas misérias, meus traumas são como nada diante de Jesus. Sou como que introduzido num celeiro (cf. cân. 2,4). A mão esquerda de Cristo Ressuscitado fica sob a minha cabeça e a sua mão direita me abraça (cf. cân.

---

[5] Assim como nas relações humanas, a união de corpos fora da doação mútua total e exclusiva é falsa, assim também a comunhão eucarística sem o dom de si (na totalidade e na exclusividade) é igualmente falsa. É, no mínimo, fragmentária (cf. BENTO XVI. *Deus caritas est*. 8 ed. São Paulo: Paulinas, 2007) e, no limite, a nossa própria condenação (cf. 1 Cor 11,27-29).

8,3). Beijo Jesus, sem medo, sem reservas. Sou restaurado em minha dignidade. E constato: "meu bem amado é para mim e eu para ele" (cân. 2,16a). Inclusive o corpo *de ambos*.

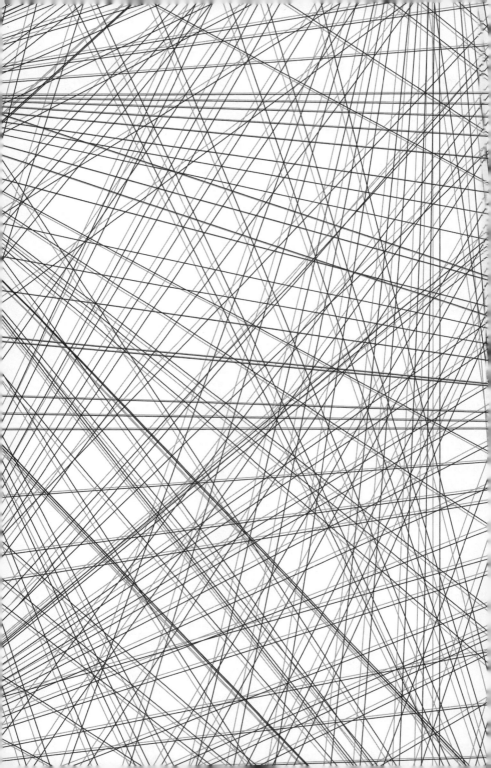

# Referências

A BÍBLIA DE JERUSALÉM. Tradução do texto em língua portuguesa diretamente dos originais. São Paulo: Paulus, 2002.
ALONSO, Severino M. *A vida consagrada*. São Paulo: Ave-Maria, 1991.
_____. Conselhos evangélicos: reflexão teológica. In: *Dicionário teológico da vida consagrada*. São Paulo: Paulus, 1994, p.274-290.
ANJOS, Marcio Fabri dos. CARRANZA, Brenda. Para compreender as novas comunidades católicas. In: *Convergência*. Brasília, v. 45, n. 433, jul./ago. 2010.
APARICIO, Angel. Castidade: aspectos bíblicos. In: *Dicionário teológico da vida consagrada*. São Paulo: Paulus, 1994, p. 104-120.
BENTO XVI. *Deus caritas est*. 8 ed. São Paulo: Paulinas, 2007.
BÍBLIA SAGRADA. Tradução dos originais mediante a versão dos monges de Maredsous (Bélgica). 58 ed. São Paulo: Ave-Maria, 1987.
BÍBLIA, Tradução Ecumênica. São Paulo: Loyola, 1994.
BOTELHO, ANDRÉ. *Discernir o estado de vida*. Disponível em www.cancaonova.com. Consulta em 14 de agosto de 2012.
BOURGERIE, Denis e Suzel. *Glorioso encontro*: como receber do coração do Pai o esposo (a) que você procura. 27 ed. Campinas-SP: Logos, 2014.
CATECISMO DA IGREJA CATÓLICA. 3 ed. Petrópolis: Vozes, São Paulo: Paulinas, Loyola, Ave-Maria, 1993, p. 744.
CENCINI, Amedeo. *Vida consagrada*: itinerário formativo no caminho de Emaús. São Paulo: Paulus, 1994.
_____. *Amarás o Senhor teu Deus*: psicologia do encontro com Deus. 4 ed. São Paulo: Paulinas, 2002.
_____. *Os modelos formativos*. Palestra proferida na Comunidade Canção Nova, Cachoeira Paulista-SP, 2010.
_____. *A hora de Deus*: a crise da vida cristã. São Paulo: Paulus, 2011.
CIARDI, Fábio. *Carisma de fundação*. Palestra proferida na Comunidade Canção Nova, Cachoeira Paulista – SP, 2010.
CÓDIGO DE DIREITO CANÔNICO. Tradução: Conferência Nacional dos Bispos do Brasil. Notas, comentários e índice analítico: Jesús Hostal. 2 ed. Versão ampliada, com a legislação complementar da CNBB. São Paulo: Loyola, 1987.
CONCÍLIO ECUMÊNICO VATICANO II. *Gaudium et spes*. In: *Compêndio do Vaticano II*. Constituições, Decretos e Declarações. Coordenação Geral de Frei Frederico Vier, OFM. 21 ed. Petrópolis: Vozes, 1991.
CONGREGAÇÃO PARA A EDUCAÇÃO CATÓLICA. Orientações educativas sobre o amor humano: linhas gerais para uma educação sexual (1 de novembro de 1983). Disponível em www.vatican.va. Consulta em 20 de março de 2012.

GARCÍA, José Cristo Rey. Castidade: reflexão teológica. In: *Dicionário teológico da vida consagrada*. São Paulo: Paulus, 1994, p. 121-135.
GONDAL, Marie-Louise. *Comunidades no cristianismo*: um novo passo a ser dado. São Paulo: Paulinas, 1999.
JOÃO PAULO II. *Mulieris dignitatem*: carta apostólica sobre a dignidade e a vocação da mulher. São Paulo: Paulinas, 1988.
_____. *Familiaris Consortio*: exortação apostólica sobre a missão da família cristã no mundo de hoje. 8 ed. São Paulo: Paulinas, 1990.
_____.*Carta às famílias*. São Paulo: Loyola, 1994. (Documentos Pontifícios.)
_____. *Pastores dabo vobis*: exortação apostólica pós-sinodal sobre a formação dos sacerdotes. São Paulo: Paulinas, 2006.
_____. *Teologia do corpo*: o amor humano no plano divino. Campinas-SP: Ecclesiae, 2014.
MARIZ, Cecília Loreto et al (orgs.). *Novas comunidades católicas*: em busca do espaço pós-moderno. Aparecida (SP): Ideias & Letras, 2009.
NOGUEIRA, Maria Emmir. *O caminho de discernimento do estado de vida*. Palestra em DVD. Fortaleza: Shalom, s/d.
_____. *Aprofundando o caminho de discernimento do estado de vida*. Palestra em DVD triplo. Fortaleza: Shalom, s/d.
_____. *Belo é o amor humano*: discernimento e vivência das formas de vida na Comunidade Católica Shalom. Fortaleza: Shalom, 2008.
_____. LEMOS, Silvia. *Tecendo o fio de ouro*. Fortaleza: Shalom, 2013.
PONTIFÍCIO CONSELHO PARA A DOUTRINA DA FÉ. Carta aos Bispos sobre a colaboração entre o homem e a mulher na Igreja e na sociedade. Disponível em www.vatican.va. Consulta em 12 de agosto de 2012.
SILVA, Wagner Ferreira. *A contribuição dos novos movimentos eclesiais na formação da consciência moral:* uma análise da experiência da Comunidade Canção Nova do Brasil. Tese de Doutorado. Pontificia Universitas Lateranensis (Academia Alfonsiana, Instititum Superius Theologiae Moralis). Roma, 2009.
SOUSA, Ronaldo José de. *O discípulo amado*: autoconhecimento a partir da experiência de Deus. Aparecida-SP: Santuário, 2009.
_____. *Pregador orante*: lectio divina a serviço da pregação. Aparecida-SP: Santuário, 2013.
_____ *Comunidades de vida*: panorama de um fenômeno religioso moderno. Aparecida: Santuário, 2013.
TIMBÓ, Sidney. *Novas comunidades*: uma novidade no Brasil e no mundo. Fortaleza: Shalom, 2004.
WEST, Christopher. *Teologia do corpo para principiantes*: uma introdução básica à Revolução Sexual por João Paulo II. Porto Alegre: Myrian, 2014.